2053

MAXIME DU CAMP

DE L'ACADÉMIE FRANÇAISE

LA CROIX ROUGE

DE FRANCE

SOCIÉTÉ DE SECOURS

AUX BLESSÉS MILITAIRES DE TERRE ET DE MER

PARIS

LIBRAIRIE HACHETTE ET Cie

79, BOULEVARD SAINT-GERMAIN, 79

2083

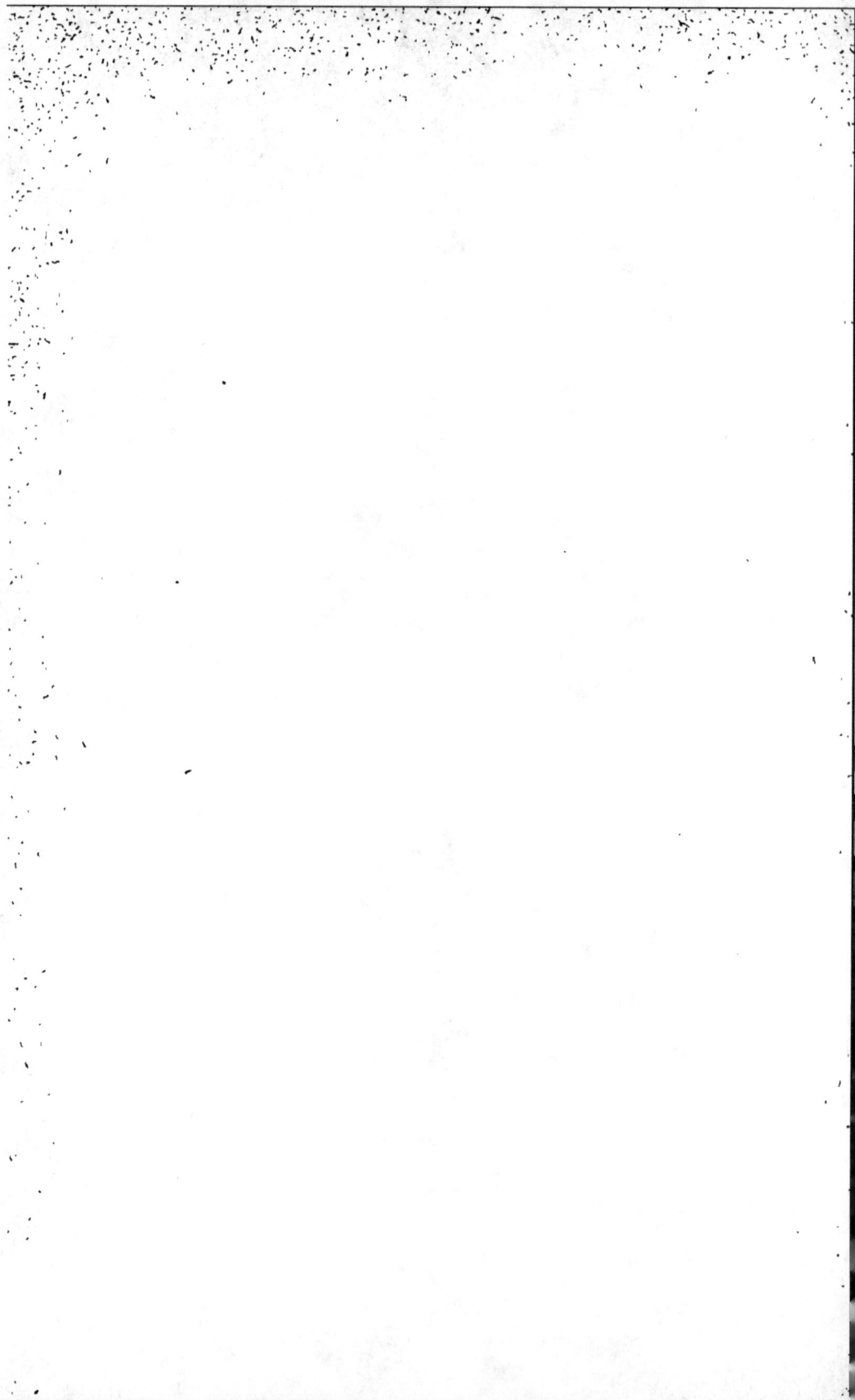

LA CROIX ROUGE

DE FRANCE

OUVRAGES DU MÊME AUTEUR

PUBLIÉS DANS LA BIBLIOTHÈQUE VARIÉE

Paris, ses organes, ses fonctions, sa vie; 7ᵉ édition
6 vol.
Les Convulsions de Paris; 7ᵉ édition. 4 vol.
La Charité privée à Paris; 3ᵉ édition. 1 vol.
Souvenirs de l'année 1848; 2ᵉ édition. 1 vol.
Le Nil : Égypte et Nubie; 4ᵉ édition. 1 vol.
Histoire et Critique. 1 vol.

Prix de chaque volume, broché .   .   . .   3 fr. 50

18125. — Imprimerie A. Lahure, rue de Fleurus, 9, à Paris

MAXIME DU CAMP

DE L'ACADÉMIE FRANÇAISE

LA CROIX ROUGE

DE FRANCE

SOCIÉTÉ DE SECOURS

AUX BLESSÉS MILITAIRES DE TERRE ET DE MER

PARIS

LIBRAIRIE HACHETTE ET Cie

79, BOULEVARD SAINT-GERMAIN, 79

1889

DÉDICACE

—

AU DOCTEUR KARL HERGT

Mon grand ami,

Nul, plus que vous, n'a eu pitié de ceux qui souffrent; nul ne les a mieux aimés, secourus et sauvés. Aussi me semble-t-il qu'un volume qui ne parle que de commisération serait incomplet et n'aurait pas toute la signification que j'ai cherché à lui donner, s'il ne portait votre nom inscrit à la première page.

Permettez-moi donc de vous dédier LA CROIX ROUGE DE FRANCE, *en témoignage d'une affection et d'une gratitude inaltérables.*

Votre tout dévoué

M. D.

Janvier 1889.

AVANT-PROPOS

La Croix rouge est le symbole de la convention de Genève. La convention de Genève est le contrat international en vertu duquel les blessés, les ambulances, le service sanitaire attaché aux armées, sont neutralisés en temps de guerre.

Il a fallu des siècles, il a fallu des hécatombes, des cruautés sans nom et des négligences criminelles pour que cette idée si simple s'imposât, trouvât sa formule, prît un corps et apportât quelque soulagement aux maux que la civilisation semble s'efforcer de

rendre plus barbares de jour en jour. Puisque
la science épuise ses efforts en inventions
meurtrières, que la paix, dont chacun parle
avec emphase, ne sert qu'à préparer la destruction des peuples, puisque aujourd'hui, à
la plus grande gloire du progrès moderne, des
nations entières sont menées par leurs chefs
au massacre, comme des troupeaux que le ber-
ger conduit à l'abattoir, il était naturel que la
pitié, la sainte pitié, fît entendre sa voix et
réclamât les droits de l'humanité, qui sont les
devoirs de la créature humaine.

On a demandé, on a obtenu, que le soldat
mis hors de combat ne fût plus considéré
comme un adversaire, et fût soustrait aux
atrocités systématiques qui constituent ce
que l'on nomme les lois de la guerre. Il n'y
a pas encore trente ans que ces lois, formées pour la plupart de traditions sauvages,
autorisaient à bombarder les ambulances,
à faire prisonniers les médecins militaires,
tous les employés du service de santé, et
à vider au profit du plus fort les hôpitaux où

les blessés de l'armée vaincue avaient été recueillis. C'était impitoyable; mais c'était l'usage.

A cette heure, il n'en est plus ainsi : la convention de Genève, suscitée dans un pays neutre, a rendu sacrés ceux qui sont tombés sur le champ de bataille, ceux qui soignent les blessés et ceux qui les ramassent. C'est là un fait considérable, c'est une date importante dans les annales de l'histoire. Les peuples ont accepté ce traité de sagesse et de commisération. La guerre y perd de sa cruauté; il lui en reste encore assez pour satisfaire les plus difficiles.

La convention de Genève a eu un autre résultat, qui est de conséquence grave et fait honneur aux nations : elle a donné naissance à des sociétés libres, qui se font les auxiliaires des services officiels, et dont la mission, chaleureusement recherchée, est de porter secours aux blessés, en mettant à leur disposition avant, pendant et après la guerre les ressources dont elles disposent. La création de

ces sociétés, que l'on a spontanément baptisées
du nom de la Croix rouge, est un inexprimable
bienfait, non seulement parce qu'elles s'em-
pressent autour des victimes de la bataille,
mais parce que leur personnel médical vient
en aide au service de santé militaire, dont l'insuffisance numérique n'a été que trop souvent signalée.

Sans les ambulances volontaires, qui en
1870 ont été rejoindre nos armées et ont fait
la première application française de l'initiative
privée en pareille matière, les désastres qui
nous ont frappés eussent été encore plus re-
doutables. A ce moment, on tâtonnait, et l'expérience s'est faite dans de douloureuses conditions; de grands progrès ont été réalisés
depuis lors, chez nous et ailleurs; avant de le
constater, avant d'expliquer le mécanisme de
la Société de secours aux blessés, et pour en
mieux déterminer la portée, il convient de faire
connaître quelles exigences s'imposaient autrefois à notre service médical sanitaire, quels
prodiges il a dû accomplir pour ne pas rester

au-dessous de sa tâche, et de combien de victimes il a payé la mauvaise organisation qui
lui enlevait toute initiative. A cet égard, la
guerre de Crimée et la guerre d'Italie fournissent des documents instructifs.

LA CROIX ROUGE

DE FRANCE

CHAPITRE PREMIER

EN CRIMÉE

« La guerre est la flétrissure du genre humain. » — Le guet-apens. — L'art de la guerre. — Les réquisitions. — Le duel. — Résultat des victoires. — « La guerre coûte plus que ses frais. » — Mensonges. — La guerre plébiscitée. — A forces loyales. — De quoi la gloire est faite. — Le lendemain des batailles. — Épisode de la bataille de la Moskowa. — La guerre de Crimée. — Durée des hostilités. — Nombre des tués à l'ennemi, nombre des morts de maladies. — L'intendance. — Opinion de M. Vauchelle. — Les médecins militaires. — Les Anglais. — Pertes énormes. — Miss Nightingale. — Suit les conseils du médecin en chef de l'armée française. — Nulle modification aux ambulances françaises. — « L'homme est un capital. » — Insuffisance numérique du personnel médical. — Un médecin pour 700 soldats. — Opérations retardées. — Après la bataille de Traktir. — 42 médecins aux ambulances le jour du grand assaut. — 70 blessés par chirurgien. — 70 médecins pour 10 520 malades et blessés. — Évacuation sur Constantinople. — La traversée du *Jean-Bart*. — La pourriture d'hôpital. — Pas d'eau pour les tisanes, pas de bandes, pas de linge, pas de charpie. —

Le typhus. — Dévoûme t du service de santé. — En trois
mois trente-neuf médecins morts du typhus. — La mort à
l'hôpital. — Héroïsme des majors. — Les pensions militaires.
— Déni de justice. — L'ingratitude de la France.

Si l'on parvient à s'élever au-dessus des préjugés dont les foules sont idolâtres par instinct
et par tradition, on conviendra que la guerre
est ce qu'il y a de plus abominable au monde;
c'est si bien le renversement de la morale,
que tout ce qui est interdit par les lois devient
honorable aussitôt que les hostilités sont ouvertes entre deux nations. Avec une énergie
malsaine, puissamment entretenue, qui fausse
les ressorts de la probité si péniblement acquise, on excite les hommes à faire le contraire de ce qu'on leur a enseigné dès l'en-
fance. Le rapt, le vol, la violence, le meurtre,
la ruse, qui pour toute civilisation sont des
crimes, deviennent des vertus, les plus belles
que l'on puisse louer. « Il est honteux de vider
une bourse; il y a de l'impudence à manquer
à sa foi pour un million; mais il y a une inexprimable grandeur à voler une couronne. La

honte diminue quand le forfait grandit. » C'est Schiller qui parle ainsi dans sa tragédie de *Fiesque* et semble s'être souvenu que Klopstock a dit : « La guerre est la flétrissure du genre humain. »

Par cette substitution de la force au droit, l'être humain disparaît, l'animal seul se montre tel que l'a fait la nature : féroce. Un écrivain d'élite, dont la mort prématurée a laissé de cruels regrets dans le cœur de ses amis, Albert Duruy, qui fut un soldat héroïque pendant la guerre franco-allemande, a écrit : « La guerre, qui exalte les plus nobles facultés de l'homme, déchaîne en lui la bête et le ramène à l'animalité. » C'est assez pour la haïr. Si l'homme subsiste, c'est pour employer au profit de sa perversité ce que son intelligence, sa science, sa réflexion, lui ont permis de consacrer à la glorification du mal. On risque sa vie, je le sais ; mais toute « gentillesse » s'anéantit, comme eût dit Montaigne, devant la nécessité de vaincre, car on ne recule devant aucun compromis de conscience. Qui

donc imaginerait d'aller à un duel escorté
d'une demi-douzaine de spadassins qui assom-
meraient l'adversaire? Ce serait un guet-apens
dont serait à jamais déshonoré celui qui s'en
rendrait coupable. A la guerre, un tel fait se
produit chaque jour et constate simplement
une habileté supérieure. L'axiome est connu
et fait loi : l'art de la guerre consiste à être le
plus fort sur un point determiné, à un moment donné.

Aussi l'on n'hésite jamais à se mettre quatre
contre un, et lorsque par de tels moyens l'on
a dérobé la victoire, les villes se pavoisent,
les souverains triomphent et les peuples s'en-
orgueillissent. Tout est licite, et les embû-
ches les plus perfides sont les plus admirées.
On se cache, on se dissimule, on masque ses
mouvements, on fait des feintes, de fausses
attaques, on se déguise, on s'espionne, on
solde les trahisons. On fait avec sérénité ce
que la probité la moins ombrageuse ne saurait concevoir : c'est un art, l'art de la guerre.
Celui qui l'a professé et exercé avec le plus de

succès à notre époque, le feld-maréchal de
Moltke, a dit : « Dans toute guerre, le plus
grand bienfait est d'en finir vite ; pour parvenir à ce résultat, tous les moyens sont
bons, même les plus condamnables. »

On entre dans une ville ouverte qui ne se
défend pas ; on lui extorque quelques millions,
sous menace de la brûler ; cela s'appelle une
réquisition : c'est le vol à main armée ; une
ville est close et fortifiée, on sait qu'elle a pour
deux ou trois mois de vivres, on l'entoure, on
la cerne dans une double enceinte d'hommes
et de canons ; de temps en temps, pour lui
mieux signifier le sort qui lui est réservé, on
lance sur elle quelques bombes et quelques
obus ; puis, lorsque le dernier morceau de
pain est mangé, que les petits enfants pleu-
rent parce qu'ils ont faim, que tout commerce
a cessé, que les épidémies ont ravagé la population, on pénètre, tambours battants, dans
la cité dolente, on impose à ce peuple de cadavres des conditions léonines, et cela constitue une paix glorieuse.

Nous sommes loin du combat des Trente, où le sire de Tinténiac fut le mieux méritant de la journée; c'est là cependant ce que devrait être la guerre : une lutte entre un nombre égal d'hommes égaux, autant que possible, par la vigueur et l'armement. Dans un duel, on mesure les épées avant le combat; aujourd'hui, nous avons changé tout cela, comme dit Sganarelle, et l'homme, mettant son industrie au service de ses passions, est parvenu à livrer des batailles où des corps entiers sont détruits par des artilleries d'une telle et si prodigieuse portée, que le soldat tombe sans même apercevoir d'où vient le coup qui l'a frappé [1].

A ces jeux impitoyables, et dont chaque jour encore on perfectionne la cruauté, les peuples se diminuent et perdent la notion du

---

1. Un capitaine d'artillerie allemand m'a dit qu'au mois d'août 1870, sous Metz, sa batterie avait été presque complètement détruite par le feu d'un régiment d'infanterie française dont il lui avait été impossible de reconnaître l'emplacement.

juste, qui seule fait la grandeur des nations.
Et dans quel état physique se retrouve-t-on ?
Quand l'ivresse de la gloire est dissipée, que
l'affolement produit par le sang versé a.pris
fin, que l'on compte les pertes, on reste ter-
rifié, et bien souvent le vainqueur est épou-
vanté de ce que lui coûte sa victoire.

Ce n'est pas tout de ramasser les morts, il
faut compter les blessés, les estropiés ; il faut
défalquer de la population active ceux que les
longues marches, les fatigues, les privations,
les nuits sous le ciel inclément, ont fait invalides à toujours. Il est beau de cueillir des
lauriers et d'entonner les hymnes triomphaux ;
mais, en dehors du sacrifice de soi-même, on
rencontre, à ce métier, bien des maladies qui
n'ont rien d'héroïque et qui condamnent
l'homme à l'inutilité : les hernies, les rhuma-
tismes articulaires, la dysenterie dont on
meurt, les fièvres qui, périodiquement, rap-
pellent une gloire que l'on maudit. Le vainqueur est aussi éclopé que le vaincu, et parfois
même il lui faut plus de temps pour se refaire,

surtout s'il vit sur un pays pauvre. Gustave
Adolphe, parlant des souverains belliqueux
comme lui, disait : « Un roi qui a la passion
de la gloire est un torrent qui désole les lieux
par où il passe; » et il ajoutait : « Dieu m'a
envoyé gagner des batailles parce qu'il est
irrité contre la Suède; c'est par moi qu'il la
punit; j'en suis le fléau ! »

Quand on pense aux efforts que la nature
et la civilisation accomplissent pour amener
l'homme à l'âge de vingt-cinq ans, et quand
on voit que ce produit magnifique de tant de
forces combinées est réduit à n'être plus que
de la chair à canon, il est difficile de ne point
prendre en colère l'humanité et ceux qui la
mènent. En finira-t-on avec ces boucheries
criminelles que la philosophie, la morale, la
science, la religion réprouvent? Ne peut-on
faire pour les groupes de peuples ce que l'on
fait pour les groupes d'hommes, et établir au
milieu d'eux, au-dessus d'eux, une sorte de
tribunal amphictyonique qui jugera leurs dif-
férends?

Ce n'est point de gaîté de cœur que les nations acceptent les rigueurs de la lutte à main armée; car, au seul point de vue économique, il y a longtemps qu'elles ont reconnu la justesse de la parole de Jean-Baptiste Say : « La guerre coûte plus que ses frais, elle coûte ce qu'elle empêche de gagner. » A compter l'argent que l'on dépense pour s'y préparer, il faut espérer que l'on n'en aura plus assez pour la faire. Tuer la guerre, quel rêve! Tout honnête homme l'a fait. C'est une utopie impraticable, soit! mais l'abolition de l'esclavage, l'égalité civile, la suppression de la peine de mort étaient aussi des rêves. Les verbes sont devenus chairs, et c'est la réalisation des « billevesées » d'autrefois qui constitue la grandeur des temps modernes.

La guerre est tellement coupable, que toute nation se défend de la vouloir. Les gouvernements fabriquent des fusils, élèvent des fortifications, fondent des canons, inventent des matières explosibles, font le compte des soldats qu'ils peuvent mettre en ligne : armée active, réserve de l'armée active; réserve, réserve de la réserve : total, trois millions d'hommes. Pourquoi tant de rumeurs, tant de dépenses, tant de bras enlevés au travail? Pourquoi ces formidables budgets, avant-coureurs de la banqueroute et de la ruine des États? Pour assurer la paix; ils le disent; bien niais celui qui les prendrait au mot, malgré le vieil axiome : *Si vis pacem, para bellum.*

Tous ces gouvernements si profondément pacifiques, qu'ils ne peuvent dormir que le casque en tête et la giberne aux reins, n'ont d'autre rêve, à les entendre, que de fermer le temple de Janus et de donner au monde entier le baiser fraternel. Il est un moyen bien simple de les satisfaire, et je me permettrai de le leur indiquer. Qu'une convention internationale décide que nulle guerre ne pourra désormais être déclarée qu'après avoir été préalablement soumise, par voie plébiscitaire, à l'approbation des nations intéressées.

Comme ce sont les nations qui fournissent les hommes et l'argent, qui souffrent de l'arrêt de l'industrie et de l'interruption des relations commerciales; comme, en un mot, ce sont elles qui portent le faix, subissent les pertes, s'imposent les sacrifices, sont écrasées par les conséquences, il n'est qu'équitable de les consulter.

On déciderait en outre, afin d'égaliser autant que possible les forces belligérantes, les chances du combat, et d'assurer quelque loyauté à la rencontre, que les hostilités ne seraient ouvertes qu'un mois après la déclaration officielle de la guerre. Je n'ignore pas que ce projet fera sourire les gens pratiques; mais je sais que, s'il était adopté, il ferait plus pour le maintien de la paix que la dynamite, l'ordre éparpillé, la levée en masse et les fusils à répétition.

Quoique tout arrive en ce bas monde, je reconnais que nous n'en sommes pas encore là; mais je reconnais cependant que, si rien n'a été tenté pour empêcher les hommes de

se massacrer méthodiquement à l'aide de
procédés scientifiques, on a fait des progrès
dans l'art d'adoucir les maux que la guerre
entraîne avec elle. Si l'humanité n'intervient
pas pour faire taire le bruit des batailles,
elle se prodigue aujourd'hui pour porter
secours à leurs victimes. On s'est ému au
récit des souffrances endurées par les soldats,
et l'on a enfin compris que rien ne devait être
épargné en faveur de ceux qui sont offerts en
holocauste pour le salut de la patrie. On a
constaté de quoi la gloire était faite, et l'on a
reculé d'horreur.

Pour la foule, le régiment qui passe, musi-
que en tête, ou qui défile à la revue « bien
astiqué », régulier dans ses mouvements,
évoluant avec vigueur, pressé autour du drapeau, sonnant d'allègres fanfares, représente
la force même du pays et donne confiance en
la destinée. Il est la jeunesse, le courage,
l'énergie, et parce qu'on l'a vu en belle ligne
et en grand apparat se développer sous les
regards qui le suivent avec orgueil, on se

figure qu'il est toujours ainsi, dans les marches, dans l'attente du combat, dans la frénésie des assauts, dans le repos après la lutte. On est loin de compte.

C'est au lendemain des batailles, — victoire ou défaite, — qu'il faut regarder ce soldat pimpant, admiré au jour des parades; il faut le chercher au campement où il dort, épuisé de fatigue, aux ambulances où blessé, fiévreux, désespéré, il attend son tour de pansement, au terrain même du combat, à l'endroit où il est tombé, où il gémit, où il se traîne, où il appelle en vain, et où l'on n'est pas encore venu le ramasser. Là on voit l'envers de la gloire, on comprend ce qu'elle coûte, et l'on reconnaît que l'homme est bien le roi de la création, car il la tyrannise et se plaît à la détruire. Certains incidents jettent de lugubres lumières sur le sort des malheureux que la mort, sinon la mitraille, a épargnés pendant la lutte. Je n'ai jamais pu lire sans frémissement l'épisode que raconte le général de Ségur.

L'armée française a évacué Moscou, l'heure
des grands désastres n'a point encore sonné,
on marche avec quelque confusion, mais les
corps ont du moins conservé une certaine
consistance; on traverse les terrains où fut
livrée la bataille de la Moskowa. « Cependant
l'armée, dit l'historien[1], s'avançait dans un
grave et silencieux recueillement devant ce
champ funeste, lorsqu'une des victimes de
cette sanglante journée y fut aperçue, dit-on,
vivante encore, et perçant l'air de ses gémisse
ments; on y courut : c'était un soldat français.
Ses deux jambes avaient été brisées dans le
combat; il était tombé parmi les morts; il y
fut oublié. Le corps d'un cheval, éventré par
un obus, fut d'abord son abri; ensuite, pendant cinquante jours, l'eau bourbeuse d'un
ravin où il avait roulé et la chair putréfiée des
morts servirent d'appareil à ses blessures et
de soutien à son être mourant. » Telle est la
guerre, au lendemain des victoires.

1. *Histoire et mémoires*, par le comte de Ségur, t. V,
n. 152.

Nous n'avons pas à remonter jusqu'à
l'année 1812, où la défaite infligée par le
climat fut exceptionnelle; les jours glorieux
du second Empire nous fournissent de cruels
enseignements; enseignements cruels, mais
enseignements féconds, car ils ont provoqué
la convention de Genève et la création des
sociétés de secours aux blessés, qui s'y rattachent par des liens un peu lâches aujour-
d'hui, mais que la guerre resserrerait immédiatement. L'expérience faite au cours de la
guerre de Crimée fut vraiment terrible, et
démontre que le dévoûment, que l'héroïsme
du corps médical militaire de nos armées ne
pouvait lutter contre son insuffisance numérique et contre l'impuissance où le condam-
nait le système défectueux auquel il était
soumis.

Les documents abondent, et il suffirait de
les consulter pour écrire l'histoire sanitaire de
cette campagne, qui commença matériellement
le 3 janvier 1854 par l'entrée des flottes alliées
dans la mer Noire, et se termina le 1er mars

1856 par la cessation du feu des batteries
nord de Sébastopol. Dans l'espace de ces
quinze mois, la France expédia 309,368 hommes sur le lieu des combats; 95,615 y sont
morts. Pertes énormes; que l'on doit aux
batailles? non pas. La guerre tue, mais elle
fait surtout mourir; l'arme est moins meurtrière que la maladie; c'est celle-ci qui est la
grande faucheuse : mieux que les obus, mieux
que la mitraille, plus lentement, plus malpro-
prement, mais plus sûrement, elle détruit
l'homme ; les assauts, les chocs où les armées
se mêlent sont indulgents si on les compare
au choléra, à la dysenterie, à la fièvre inter-
mittente.

Dans les fossés d'une ville enlevée de vive
force, on compte moins de cadavres que sur
les grabats de l'hôpital. La preuve est écla-
tante; elle ressort à chaque ligne des registres
administratifs : journées d'hôpital pour blessures, 1,934,313; journées d'hôpital pour
maladies, 5,337,838. Les blessés ont coûté
4,835,782 fr. 50; les malades ont coûté

13,344,720 francs. Les pertes de notre armée ont été de 95,615 hommes, dont 20,000 tués à l'ennemi ou décédés des suites de leurs blessures, et 75,000 morts de maladies; c'est presque le quart de l'effectif[1].

A cette époque, le service médical des armées dépendait de l'intendance. Cette anomalie, qui a été souvent préjudiciable à la santé des troupes, a persisté jusqu'à la loi du 16 mars 1882. Les prétentions de l'intendance étaient excessives et n'allaient à rien de moins qu'à réclamer, en quelque sorte, la haute main sur l'opportunité des opérations militaires. Ceci cessera de paraître un paradoxe si l'on consulte le *Cours d'administration militaire* de M. Vauchelle, dans lequel il est dit, à la page 13 du tome III : « Le général subordonne ses plans et ses opérations militaires aux possibilités de l'administration. Le mépris ou

1. *Rapport au Conseil de santé des armées sur les résultats du service médico-chirurgical aux ambulances de Crimée et aux hôpitaux militaires français en Turquie*, par J.-C. Chenu, médecin principal. 1 vol. in-4. Paris, 1865.

l'oubli de cette règle admirable constitue le plus grave reproche que l'on puisse adresser à nos dernières guerres. »

On peut, d'après cela, juger de l'attitude que l'intendance gardait envers les médecins militaires. Ceux-ci, semblables aux conseils généraux, ne pouvaient émettre que des vœux ; toute initiative leur était interdite ; nulle amélioration dans leur propre service ne leur était permise ; leurs demandes, leurs réclamations les plus légitimes devaient être adressées à l'intendance, qui en tenait compte « selon les possibilités de l'administration ». — Ces « possibilités » n'étaient que peu propices aux réformes ; les exigences des médecins militaires, de ces humbles majors qui, vivant dans la familiarité du soldat, connaissant ses besoins qu'ils ont étudiés, n'ont d'autre but que de sauver les hommes et de les maintenir dans des conditions d'existence acceptables, restaient le plus souvent infructueuses et laissaient les choses en l'état déplorable que démontra la guerre de Crimée, sans résultat

pour des modifications que l'expérience
aurait dû imposer.

L'Angleterre, où le respect des vieilles institutions sait s'allier aux progrès commandés
par la nécessité, nous a donné en Crimée
même, côte à côte avec nous, sous nos yeux,
un exemple dont nous aurions dû profiter, et
qu'il n'est point superflu de rappeler. Pendant
le premier hiver devant Sébastopol, les Anglais perdent 5,79 pour 100 sur l'effectif et
22,23 pour 100 sur le nombre des malades,
tandis que nous ne perdons que 2,31 pour
100 sur l'effectif et 12,16 pour 100 sur les
malades. Notre administration triomphe et
s'applaudit ; mais l'Angleterre s'émeut, et elle
envoie sur les plateaux de la Chersonèse un
inspecteur chargé de pleins pouvoirs. Quel
est cet inspecteur ? un commodore, un général,
un membre de la chambre haute ou du parle-
ment ? Point : c'est une simple femme, Miss
Nightingale.

Elle agit sans appel, ne se préoccupe ni du
bon vouloir administratif qu'elle ne consulte

pas, ni du général en chef à qui elle va conserver ses soldats. Le résultat de son intervention
est facile à constater. Pendant le
second hiver, le plus rude, nous perdons
2,69 pour 100 sur l'effectif et 19,87 pour 100
sur le nombre des malades; mais les Anglais
ne perdent plus que 0,20 pour 100 sur l'effectif
et 2,21 pour 100 sur le nombre des malades.
Les Anglais emploient 448 médecins, dont
pas un ne meurt; nous en avons 450, et nous
en voyons périr 82. Qui donc a donné à Miss
Nightingale les conseils qu'elle n'a eu qu'à
suivre pour réduire presque immédiatement
le taux de la mortalité anglaise, vaincre l'épidémie
et faire reculer la mort? C'est le médecin
en chef de l'armée française, c'est le
docteur Scrive; il put, en cette circonstance,
s'apercevoir que notre vieux proverbe a raison
et que nul n'est prophète en son pays.

Notre ministre de la guerre s'inquiète en
recevant les tables mortuaires de la Crimée; il
envoie un inspecteur du service de santé à
l'armée d'Orient; celui-ci se plaint que l'on

entasse dans les mêmes hôpitaux, au prix de
périls manifestes, les blessés, les fiévreux, les
cholériques, les dysentériques, les scorbuti-
ques; au nom du salut commun, il demande
impérieusement que les malades soient séparés
par catégorie ; il réclame près de son chef
administratif, l'intendant, qui lui répond :
« Je déplore ce danger avec vous, mais le moment ne me paraît pas venu d'y apporter le
remède que vous indiquez ! »

Il est regrettable, en ce cas et en bien d'autres, que le médecin en chef n'ait point été
armé d'un pouvoir discrétionnaire et que sa
signature n'ait pas eu cours au trésor. L'installation des hôpitaux appropriés aux différents genres de maladie eût coûté fort cher,
mais bien moins que la perte de nos soldats a
fait subir à nos finances. Le docteur Chenu,
parlant des sacrifices que s'imposa l'Angleterre pour sauvegarder ses troupes en Crimée, se sert d'une argumentation déplai-
sante, mais qui, au point de vue économique,
est d'une logique irréfutable : « L'homme,

dit-il, est un capital; il représente à l'âge
adulte une valeur accumulée, sa mort prématurée est une perte matérielle aussi bien
qu'une perte morale, pour la société comme
pour la famille. L'Angleterre comprit combien il importait de bien traiter, pour les conserver, des hommes représentant un capital
considérable, augmenté par le prix du transport à une si grande distance[1]. » En acceptant
ce raisonnement et en évaluant modestement
à 3,000 francs la valeur d'un adulte, les
75,000 hommes que nous avons inutilement
perdus en Crimée par faits de maladie représentent la somme de 225 millions, que n'auraient jamais coûté la multiplication des hôpitaux et l'augmentation du service de santé.

L'insuffisance numérique des médecins et
des chirurgiens militaires a été une des causes
principales de la mortalité. Quelle que soit
l'énergie d'un homme, quel que soit son dévoûment professionnel, il est une somme de

1. Chenu, *Statistique chirurgico-médicale de la campagne d'Italie en* 1859. Introduction, CIII.

labeur qu'il ne peut dépasser ; sa volonté n'eût-elle point de limites, sa force en a, et s'il les excède, il tombe. L'effectif total des troupes expédiées en Crimée par la France a été de 309,368 soldats ; l'effectif médical a été, pour toute la durée de la campagne, de 450 officiers sanitaires; c'est-à-dire que l'on avait un chirurgien pour un peu moins de 700 hommes : ce qui peut sembler dérisoire en temps de paix et de santé, mais ce qui devient coupable en temps de guerre et d'épidémie.

Les conséquences furent douloureuses, et plus d'un de nos pauvres soldats qui avait fait tout son devoir pendant la lutte, a dû périr parce que l'on n'a matériellement pas pu lui porter secours à l'heure opportune. Parmi les nombreux exemples que cite le docteur Chenu, j'en relèverai deux, et il serait facile de les multiplier : « M. Petiet, lieutenant au 80e de ligne, reçoit, dans la nuit du 23 au 24 mai 1853, un biscaïen à l'avant-bras droit. La section du membre est complète, le poignet ne tient plus que par quelques lambeaux de

chair meurtrie ; l'amputation ne peut être mise
en doute un seul instant, et cependant, en
prenant son tour au milieu d'un grand nombre
de blessés, cet officier ne put être amputé que
le surlendemain, à cause de l'insuffisance du
personnel médical[1]. »

Après la bataille de Traktir, dix chirurgiens
de marine furent réquisitionnés pour prêter
assistance aux médecins militaires. Dans la
journée même du combat, 300 amputations
sont pratiquées dans les ambulances ; malgré
l'adjonction des chirurgiens de la flotte, le
nombre reste bien au-dessous des exigences ;
on en va juger : « Pellé (Alphonse), de Selles-
sur-Cher, soldat au 95ᵉ de ligne, reçoit, le
16 août, au pont de Traktir, un coup de feu
qui lui brise la jambe gauche. Apporté à l'ambulance, il ne peut être opéré que le troisième
jour[2]. »

Comment en eût-il été autrement? Les jours
mêmes où l'attaque devait venir de notre part,

1. *Crimée*, p. 703.
2. *Crimée*, p. 706.

où tout avait été préparé pour répondre aux nécessités du service médical, on est débordé et les blessés pâtissent. Le 8 septembre 1855, l'assaut était décidé, et nous jetons 126,705 hommes vers la tour de Malakof, qui est la clé de la position. Des ambulances volantes suivent les colonnes ; trois grandes ambulances sont installées, hors du champ de l'action, à la baie du Carénage, à Karalbelnaïa, au Clocheton ; elles sont desservies par quarante-deux médecins ; c'est là tout le personnel qu'il est possible de retirer des hôpitaux pour le mettre à portée du champ de bataille, où plus de 100,000 soldats vont combattre et sont exposés à être frappés par la mitraille, les boulets et les balles : en vérité, c'est bien peu !

Le jour même de l'assaut, les trois grandes ambulances reçurent 3,360 blessés; chaque médecin eut donc quatre-vingts malades à soigner, quatre-vingts malades nouveaux, inconnus, qu'il fallait déshabiller, examiner, panser, endormir, amputer. Quelle que soit l'activité d'un opérateur et l'habileté de sa main, il faut du temps pour désarticuler un membre, extraire un projectile, lier les artères. Que devient un chirurgien au milieu de quatre-vingts malheureux qui, à la même minute, poussent des cris de détresse et réclament des secours? que deviennent les blessés qui se croient abandonnés et se désespèrent?

Dans les jours qui suivent la prise de Sébastopol, la situation s'aggrave. On peut lire dans la *Relation du médecin en chef* : « Il y a en traitement dans nos ambulances 10,520 malades ou blessés, et, pour faire le service, il n'y a pas quatre-vingts médecins (131 malades et demi par médecin). Il était impossible de distraire un seul médecin du service des régiments, car le personnel du corps était lui-même insuffisant. Les nombreux mouvements de troupe exigeaient chaque jour quelques médecins pour suivre les colonnes en marche, en cas d'accidents ou de rencontres de l'ennemi. Il faut ajouter à cette situation la rareté des évacuations de malades

sur Constantinople. En effet, la plupart des
bâtiments de l'État étaient activement employés, et les bâtiments du commerce furent
momentanément seuls chargés du transport
des malades. Aussi l'encombrement détermina le développement de la pourriture
d'hôpital dans presque toutes les ambulances. »

L'évacuation sur les hôpitaux de Constantinople? Le médecin en chef en parle à son
aise : il semble ne se point douter que le trajet des ports de Crimée au Bosphore était le
plus grand péril auquel on pût exposer les
malades. Jamais l'incurie administrative et
le dédain de la vie humaine ne se manifes-
tèrent avec plus d'insouciance. Le *Jean-Bart*,
un navire de guerre, reçoit 500 blessés ou
malades avec mission de les conduire à Constantinople ; le médecin en chef de la flotte, le
docteur Marroin, écrit : « Grâce à la rapidité
de sa marche, le *Jean-Bart*, malgré le mauvais temps, fit une courte traversée. La batterie basse avait été affectée aux malades les

plus graves; mais, avec le mauvais état de la
mer, on dut en tenir les sabords exactement
fermés. Ceux qui ont partagé les fatigues de
cette campagne peuvent seuls se faire une
idée du degré d'infection qui en fut la conséquence. La matière des vomissements se
mêlait aux déjections alvines sur les matelas,
sur le pont; l'eau de mer, embarquant par les
écubiers, charriait d'une extrémité de la batterie à l'autre cette masse d'ordures d'une
repoussante fétidité.... Les fumigations chlo-
rurées luttèrent avec constance contre cette
cause sans cesse renouvelée d'empoisonne-
ment miasmatique; mais ai-je besoin d'ajouter que ce fut sans résultat efficace? »

Ce n'est pas seulement à la tempête qu'il
faut s'en prendre; les médecins sont prêts,
comme toujours, à faire leur devoir; il ne
leur manque que les moyens d'action; pour
combattre le mal, ils sont désarmés. Dès le
mois de janvier 1855, le docteur Marroin fait
entendre ses plaintes, dont on ne tiendra
compte : « Je ne puis passer sous silence,

dit-il, les difficultés déplorables que rencontrent les chirurgiens de marine en ac-
compagnant les blessés et les fiévreux de
l'armée évacués sur Constantinople. La distribution des boissons et des vivres s'opérait
sans aucune régularité. On manque souvent
d'eau pour les tisanes et pour les pansements.... Des hommes épuisés par la maladie, à peine protégés par quelques lambeaux de couverture, arrivaient à la plage
pour être embarqués sur des navires de commerce frétés à cet effet. »

Le docteur Chenu dit de son côté : « La
situation des blessés est cruelle; ils n'ont
point été pansés depuis leur départ de Crimée; l'appareil s'est dérangé et gêne plus
qu'il ne sert; le gonflement des parties a
rencontré trop de résistance avec le linge qui
s'est durci; la gangrène, la vermine même
ont envahi les plaies.... Les bâtiments de
commerce chargés du transport des malades
et des blessés n'étaient point organisés pour
ce service.... Si le bâtiment avait un méde-

cin, il n'avait ni bandes, ni charpie, ni linge;
ses provisions n'étaient point en rapport avec
ses besoins[1]. » Que nos blessés et nos malades
n'aient point tous succombé dans les conditions mortelles où ils étaient maintenus, c'est
miracle[2]!

La prise de la partie sud de Sébastopol,
qui apaisa subitement la guerre, mit fin aux
combats par grandes masses et ne laissa sub-
sister que quelques rencontres insignifiantes,
ne vida point les ambulances. Le typhus, ce
fidèle allié des batailles, ce compagnon des
agglomérations morbides, allait de nouveau
les remplir. On peut apprécier ses ravages
en comptant les morts. Du 1er octobre 1855
(la prise de Sébastopol est du 8 septembre)
au 1er juillet 1856 (l'évacuation définitive a

---

1. *Crimée*, p. 709 et 710.

2. La Russie semble n'avoir pas été mieux partagée
que nous; des ballots de charpie expédiés à Sébastopol
par Pétersbourg s'égarent en route et sont achetés par
des fabricants de papier, qui les mettent en cuve pour en
faire de la pâte. Voir *la Guerre et la Charité*, p. 86, par
Moynier et Appia. 1 vol. 1867.

eu lieu le 6), les décès furent au nombre de
12,963, dont 242 par suite de blessures et
12,721 par suite de maladies.

Le personnel médical pendant la durée des
hostilités avait failli succomber aux fatigues;
cette fois il succombe; il n'a plus que sa vie
à donner, il la donne, il ne déserte pas les
chevets où râle le typhus, il en meurt. Pendant le mois de février, douze médecins sont
enlevés par l'épidémie; quinze dans le mois
de mars, alors que le feu a cessé de toutes
parts; douze dans le mois d'avril, après que
l'on a tiré des salves d'artillerie en réjouis-
sance de la paix qui vient d'être conclue.
Donc, en l'espace de quatre-vingt-neuf jours,
trente-neuf médecins vont rejoindre les
95,000 cadavres français dont nous avons
saturé la terre de Chersonèse[1]. Je ne suis pas
surpris que le médecin en chef ait écrit, en
parlant du service sanitaire : « Chacun con-
tinue à faire son devoir avec un héroïsme et

1. Voir Pièces justificatives, n° 1.

un mépris de la mort qui font l'admiration de l'armée. »

Il est facile de monter à l'assaut, malgré les paquets de mitraille, lorsque l'on sent les coudes des camarades, enivré par le bruit, stimulé par l'exemple, les yeux fixés sur le drapeau qui marche en avant, comme l'image même de la patrie. La chaleur du sang, l'éréthisme nerveux, je ne sais quelle voix intérieure qui chante les fanfares de gloire, tout anime au combat et devient du courage; l'effort n'est pas de longue durée, on arrive ou l'on tombe; la mort est foudroyante; elle a frappé avant qu'on ne l'ait aperçue. Cela est grand, je le sais, car tout sacrifice de soi-même est beau; mais bien plus admirable me semble le dévoûment du médecin qui, de pied ferme en son hôpital, engage contre la contagion la lutte quotidienne. Là, point d'emportement irréfléchi, point de cris de victoire; mais la volonté, l'abnégation et le sentiment de ce que l'on doit à ceux qui souffrent, au respect de soi, à la fonction que l'on exerce.

Entre le typhus, le choléra, la dysenterie, la fièvre, dans le milieu empesté des salles d'ambulance, la mort est humble, presque honteuse ; elle est partout, elle vous enveloppe, on respire son haleine ; elle vous saisit entre le pot de tisane et le « geigneux ». Son appareil est misérable, son toucher fait de vous un objet de répulsion ; se battre contre elle sans défaillance, pendant des jours, pendant des mois, ne pas reculer d'un pas lorsqu'elle marche vers vous et vous regarde face à face, savoir qu'elle sera la plus forte, ne s'en point soucier, et redoubler d'énergie pour lui disputer ses victoires, c'est donner preuve d'une hauteur d'âme qui défie les paroles les plus élogieuses. Cet exemple, notre service de santé l'a offert en Crimée à tous les degrés de la hiérarchie, et la France n'aura jamais assez de reconnaissance pour le dévoûment avec lequel il s'est prodigué.

Est-ce l'appât des récompenses qui l'excitait à dépasser la mesure des vertus les plus fermes? Non certes, et, dans cette même

année 1856, où nos ambulances militaires
avaient été témoins d'un si constant héroïsme,
les « majors » ont pu se convaincre que l'ingratitude des nations ne connaît point de limites. On devait croire qu'entre le soldat qui
combat l'ennemi et l'officier de santé qui
combat la mort, l'assimilation était complète.
Le simple bon sens paraît indiquer que mourir sur le champ de bataille d'un hôpital de
guerre en luttant contre un fléau plus cruel
que la mitraille, ou périr d'un coup de feu
en luttant contre les troupes de l'adversaire,
donne des droits égaux à la modique pension
que l'État assure aux veuves de ceux qui ont
succombé.

Le simple bon sens a tort; une législation
nouvelle le lui a prouvé. La loi du 11 avril
1831 porte, titre III, section 1re, article 19 :
« Ont droit à une pension viagère : 1° les veuves des militaires tués sur le champ de bataille
ou dans un service commandé; 2° les veuves
des militaires qui ont péri à l'armée ou hors
d'Europe et dont la mort a été causée soit par

des événements de guerre, soit par des maladies contagieuses ou endémiques, aux in-
fluences desquelles ils ont été soumis par les
obligations de leur service. » A la section II,
l'article 22 ajoute : « La pension des veuves
des militaires est fixée au quart du maximum
de la pension d'ancienneté affectée au grade
dont le mari était titulaire, quelle que soit la
durée de son activité dans le grade. » D'après
cette loi, la veuve d'un médecin en chef d'armée reçoit 900 francs de pension, la veuve
d'un sous-aide-major 250 francs.

Dès que le traité de Paris eut mis fin à la
campagne de Crimée, on pensa à augmenter
les pensions militaires, qui n'étaient plus en
rapport avec la moins-value que l'exploitation
des mines d'or de la Californie a infligée aux
métaux monnayables. Une loi du 26 avril 1856
modifia les dispositions de la loi du 11 avril
1831, et éleva le taux de la pension du quart
à la moitié du maximum; c'était un acte d'é-
quité; mais cette loi stipulant pour les veuves
des militaires et des marins tués sur le champ

de bataille ou « dont la mort a été causée par des événements de guerre » reste muette pour le service sanitaire. Il n'est plus question de maladies contagieuses ou endémiques, et les veuves des médecins militaires se trouvèrent exclues du bénéfice des pensions nouvelles. Pendant que cette loi se discutait au Corps législatif, dans ce même mois d'avril, je viens de le dire, douze médecins tombaient victimes du typhus, qui n'était « qu'un événement de guerre ».

Un médecin allant d'une ambulance à une autre est frappé par un projectile et tué, il laisse à sa veuve la moitié de la pension à laquelle il aurait droit. Il meurt de fatigue, de contagion, d'épuisement en soignant les épidémies nées de l'agglomération de troupes, il ne lui laisse que le quart; c'était et c'est toujours absurde. Un député le comprit et proposa un amendement : « Auront droit à la même retraite les veuves des officiers morts de maladies contractées au service des hôpitaux d'une armée en campagne. » La propo-

sition ne fut point adoptée, mais le commissaire du gouvernement sentit l'injustice de
la différence du traitement appliqué à des
hommes qui sacrifiaient également leur vie à
la gloire ou au salut du pays, car il ajoute :
« La loi n'a pas dit son dernier mot; ... le
vœu manifesté par la chambre sera pris en
très grande considération. »

C'était un engagement formel, du moins on
le pouvait croire, et cependant depuis 1856
cette parole reste à l'état de promesse. Depuis
cette époque, les guerres et les épidémies qui
les accompagnent ont mis à de rudes épreuves
le dévoûment du service sanitaire de nos
armées et de notre marine en France, en Tunisie, à Madagascar, au Tonkin ; mais nulle loi
n'est venue réparer un déni de justice dont on
reste stupéfait. Il est inexplicable que le pouvoir législatif n'ait point compris que les effets
produits par des causes semblables doivent
être appréciés d'une façon identique.

Faut-il répéter encore, répéter à satiété,
que la maladie est plus meurtrière que l'obus

et la balle? L'officier sanitaire mourant, au champ de l'hôpital, victime du typhus engendré par la guerre, doit être assimilé, sans réserve, à l'officier militaire tombant sur le champ de bataille, car l'un et l'autre sont tués à l'ennemi. Il y a là une anomalie douloureuse; je dirai le mot brutal, une iniquité indigne d'une nation qui se respecte. On a dit : « La France est assez riche pour payer sa gloire. » Je le sais ; mais elle est également assez riche pour ne pas liarder quand il s'agit de reconnaître le courage et l'abnégation de ceux qui sont morts pour elle : au feu ou à la contagion, c'est tout un, ils lui ont donné leur vie.

Les faits regrettables, pour ne pas dire plus, qui s'étaient produits du début à la fin de la guerre dans nos hôpitaux de Crimée, les négligences administratives, l'insuffisance numérique où le personnel médical avait failli s'anéantir, les transbordements inhumains auxquels les malades étaient condamnés sur les navires du commerce, ces désordres qui ont coûté tant d'existences, furent alors presque ignorés en France. A cette époque, la presse quotidienne était fort discrète ; elle était bâillonnée par le décret du 17 février 1851, qui la malmenait sans scrupule dès qu'elle essayait de parler ; aussi ne disait-elle mot ; elle n'avait ses entrées nulle part, et lorsqu'un journaliste frappait à une porte officielle, on avait vite fait de la lui fermer au nez. On laissait raconter, dans les journaux, que nous avions ouvert des tranchées, donné par-ci par-là un camouflet, que nous avions pris des drapeaux et fait des prisonniers ; mais de ce qui se passait dans les ambulances, néant. La presse anglaise ne s'en cachait pas, mais elle restait lettre morte pour les feuilles périodiques françaises, qui n'osaient la traduire.

Les rapports, les réclamations du service de santé s'accumulaient dans les cartons du ministère de la guerre. Là du moins on savait à quoi s'en tenir. Le jour était fait sur les défectuosités du système suivi jusqu'alors, et l'on allait sans doute renoncer à des habitudes dont on avait pu constater les périls que nul avantage ne compensait. L'expérience avait été concluante ; elle avait été cruelle et coûteuse. La maladie avait été bien plus meurtrière que la guerre, et le cri des malades avait été plus retentissant que le cri des blessés. Il était élémentaire de modifier l'organisation administrative, d'augmenter dans des proportions considérables le personnel médical, et d'outiller le service sanitaire de façon qu'il pût faire face à toutes les exigences.

Il n'en fut rien ; on se rendormit sur l'oreiller de la routine ; le passé se prolongea sans avoir abandonné une seule de ses erreurs. Les médecins militaires restèrent confinés dans leurs attributions décevantes ; ils n'eurent, comme le disait l'un d'eux, que « le droit aux jérémiades », et ce droit était de nul effet ; on s'en aperçut pendant la campagne d'Italie.

CHAPITRE II

EN ITALIE

L'expérience faite en Crimée reste stérile. — Le baron Larrey, médecin en chef de l'armée d'Italie. — Diminution successive du service de santé dans les ambulances de guerre. — Appel aux médecins italiens. — La Prusse en Bohême : 326,000 hommes, 1,953 médecins. — Le service sanitaire aux États-Unis d'Amérique pendant la guerre de Sécession. — En Italie le médecin en chef n'a même pas de planton. — Les médecins vont à pied, faute de chevaux. — Dès l'entrée en campagne, on est forcé de requérir l'aide des médecins italiens. — Musiciens faisant fonction d'infirmiers. — Régiments sans médecin. — Réclamations inutiles du médecin en chef. — Cinq jours avant la bataille de Solferino, on ouvre un concours en France pour le grade d'aide-major. — Les médecins retenus par les commandants de place. — Personnel insuffisant, matériel dérisoire. — Demande d'instruments à résection dès le 19 mai. — Après le premier combat, Montebello, on remplace le linge absent par de la mousse. — Blessés nourris par la commisération publique. — Pas de voitures, pas de brancards pour les transports. — Après Melegnano, les caissons d'ambulance arrivent douze heures après le service de santé. — On est obligé d'emprunter une boîte d'instruments à un médecin italien. — Quinze cents kilogrammes de charpie égarés. — Les instruments à résection arrivent après l'armistice. — A Solferino, cinq jours pour ramasser les blessés. — L'encombrement des blessés à Casti-

glione. — La panique. — La première motion en faveur de la
neutralité des blessés, faite à Naples, le 28 avril 1861, par le
docteur Palasciano. — Il est, en fait, le promoteur de la Croix
rouge.

J'imagine que, dès le 1ᵉʳ janvier 1859, l'on
avait dû envisager les probabilités d'une
guerre prochaine, car, lors de la réception
officielle du corps diplomatique au Palais
des Tuileries, Napoléon III avait adressé à
l'ambassadeur d'Autriche des paroles qui res-
semblaient à un appel aux armes. On peut
conclure que le ministère savait à quoi s'en
tenir, que l'intendance avait été prévenue
dans la mesure du possible, et que tout avait
été, sinon préparé, du moins prévu, pour que
nos troupes fussent assistées d'un corps médical suffisant et que l'on ne revit plus se reproduire les « négligences » dont on avait été
prodigue en Crimée. Le choix du médecin en
chef semblait indiquer la volonté de bien
faire et de n'être point, comme l'on dit, débordé par les événements. C'était le baron
Larrey, membre de l'Académie des Sciences.

Son nom historique, son savoir, sa connaissance des nécessités sanitaires en campagne,
faisaient de lui un homme considérable ; il se
réservait peu les jours de bataille, car le cheval qu'il montait à Solferino reçut un biscaïen
au poitrail. En le plaçant à la tête du service
de santé, on paraissait prendre l'engagement
de donner au personnel, aux ambulances, aux
hôpitaux une ampleur qui permît d'accorder
à nos soldats les soins que le souci de leur
santé, la politique, l'économie et simplement
l'humanité, commandaient de ne leur point
ménager.

Si la correspondance du baron Larrey avec
l'intendance était publiée, on serait surpris
de reconnaître que l'expérience de la Crimée
est restée stérile. A défaut de cette correspondance même, nous avons les confidences du
docteur Chenu, qui l'a eue en main, qui y a
fait de nombreux emprunts, et que nous
prendrons pour guide. C'est un cri de douleur,
c'est une lamentation ; mais c'est aussi un
réquisitoire prononcé par un homme compé-

tent, qui montre le mal dans sa nudité, et qui ne cache point l'opinion que l'expérience, corroborée par l'étude des faits, a déterminée en lui[1].

La rapidité que l'on exige aujourd'hui des soldats en campagne, la perfection homicide des armes, ont augmenté la mortalité en temps de guerre; dès lors, on doit croire que le personnel du service de santé a reçu un accroissement proportionné aux nécessités nouvelles. Il n'en est rien, au contraire. Sous le premier Empire, les ambulances divisionnaires comptaient vingt médecins; lors de l'expédition d'Alger, en 1830, ceux-ci ne sont plus que douze; au moment de la campagne d'Italie, leur nombre est réduit à quatre. Lorsque nous avons franchi les Alpes, cent vingt et un médecins étaient attachés à notre armée; des envois successifs ont porté ce chiffre à trois cent quatre-vingt-onze pour toute la cam-

1. *Statistique médico-chirurgicale de la campagne d'Italie, service des hôpitaux militaires et civils.* 2 vol. grand in-4. Paris, 1869.

pagne ; aussi voyons-nous que, pendant le mois de juin, qui fut le mois des grandes batailles, neuf médecins militaires français reçoivent à Milan 8,176 blessés, et sont contraints, par le labeur même dont ils sont accablés et pour ne point laisser périr les malheureux qu'ils sont impuissants à soigner, d'appeler à leur aide deux cent quatre-vingts docteurs italiens.

Depuis cette époque, la Prusse nous a offert un exemple qui explique bien des événements dont nous avons eu à souffrir. En 1866, lorsqu'elle entreprit contre l'Autriche cette campagne depuis laquelle l'équilibre européen est rompu, elle mit en mouvement 326,000 hommes, que suivaient 1,953 médecins militaires ; ceux-ci, absolument maîtres de leur service, libres, ne relevant d'aucune administration, ne prenant conseil que de leur devoir, maintinrent l'armée dans un état prospère, qui fit l'admiration de tous les états-majors.

Aux États-Unis, pendant la guerre de Sé-

cession, le service de santé a joui d'une indé-
pendance absolue. « Ce qui caractérise le service médical américain, dit le docteur Chenu,
c'est l'omnipotence du médecin, chef et admi-
nistrateur à la fois des services qu'il dirige.
Le médecin directeur d'un hôpital ou d'une
ambulance fait directement ses réquisitions,
soit aux quartiers-maîtres, soit aux commis-
sariats, soit enfin à la pourvoirie. » Pour en
arriver à cette simplification du service et
renoncer à des chinoiseries administratives
qui semblaient imaginées pour entraver tout
bon vouloir, il nous a fallu attendre jusqu'a-
près 1882.

Le médecin en chef, au cours de la campagne d'Italie, est tellement tenu en sous-
ordre, qu'il est presque annihilé, et qu'on
semble prendre à tâche de lui faire constater
sa propre impuissance. Sa situation est douloureuse et le neutralise. Le 20 mai 1859, il
écrit à l'intendant général : « Je n'ai personne auprès de moi, pas même un planton,
pas même un soldat d'ordonnance, et je suis

obligé de suffire, seul, à l'expédition des
dépêches que je fais porter par un domestique
civil; » et il demande « à titre de faveur dont
il sera reconnaissant », qu'on lui rende un
infirmier-major, dont les services lui sont
indispensables.

Si l'on traite ainsi le médecin en chef, on
peut deviner comment l'on agit envers les
médecins de régiment. Ils ne sont même
point montés et font les étapes à pied comme
de simples tambours. On n'en peut douter,
car le 19 juin, six semaines après le début de
la campagne, le baron Larrey écrit : « Plusieurs médecins de l'ambulance du grand
quartier général ne sont point montés, malgré
toutes leurs démarches pour obtenir des chevaux; ils sont obligés de faire les étapes à
pied ou sur les caissons. » A cette réclamation,
qui est pour surprendre, un sous-intèndant
militaire répond : « Je ne vois d'autre moyen
pratique de pourvoir de chevaux les officiers
de santé que de les inviter à rechercher eux-
mêmes ceux qui pourraient leur convenir, et

à les désigner aux présidents des commissions de remonte de leurs corps respectifs, pour qu'il en soit fait achat et remise immédiatement. »

Comment auraient-ils eu le loisir de « rechercher les chevaux qui pouvaient leur convenir »? Ce n'était pas seulement les plantons et les montures qui leur manquaient, c'était le temps; ils étaient surmenés par un labeur que l'insuffisance même de leur nombre rendait excessif. Dès les premiers jours, le personnel fait défaut, et les chefs de service formulent des plaintes qui restent inutiles. Les correspondances officielles sont pénibles à parcourir; en présence des résultats négatifs qui les accueillent, on se demande si elles ont été lues par ceux qui auraient dû y répondre et faire quelques efforts pour remédier aux maux signalés.

Ce fut le 26 avril 1859 que nos troupes du premier et du second corps débarquèrent à Gênes. Le 13 mai, le docteur Boudin, médecin principal, n'est pas sans inquiétude. « Le

nombre des malades augmente sensiblement,
et le personnel médical ne peut tarder à devenir insuffisant. » Il se voit obligé de requérir
l'assistance de quatre médecins et de douze
étudiants de Gênes. Le 21 mai, il déclare
qu'il est urgent de « demander du personnel
en France ». Le 22, un médecin-major écrit :
« Le service est mal organisé ; nous n'avons
pas d'infirmiers ; quelques *musiciens*, que
personne ne commande, ont été délégués
pour remplacer les infirmiers absents, et ne
nous sont point utiles, parce qu'ils ne savent
rien. Les malades sont mal couchés, mal
nourris, mal soignés. » — Le 28 mai : « Je
viens de visiter la citadelle d'Alexandrie ; il
y avait déjà 150 hommes atteints de blessures légères, mais il n'y a personne pour
les visiter ; il n'y a rien pour les soigner. »
— Le 30 mai : « Chaque division est pour-
vue de cinq à sept infirmiers militaires seulement ; toutes manquent de tentes et de couvertures pour les blessés. » — 31 mai : « Quelques régiments arrivent sans médecin ; ainsi,

le 8ᵉ hussards sans un seul ; le 82ᵉ de ligne avec un médecin-major seulement. Toute l'artillerie (batteries et parcs), sans un seul. Je suis obligé, pour assurer le service dans ces différents corps, de détacher des médecins des ambulances, qui se trouvent ainsi dégarnies. » Pendant la durée de la campagne, le 37ᵉ de ligne n'a qu'un seul officier de santé, médecin aide-major de 2ᵉ classe.

Le 9 juin, le baron Larrey réclame avec instance pour les hôpitaux des sous-aides auxiliaires et des aides-majors. Dans la pénurie du service de santé de nos régiments, de nos ambulances, de nos hôpitaux, on utilise le bon vouloir des médecins italiens, et l'on emploie les chirurgiens autrichiens faits prisonniers. — 26 juin, d'Alexandrie : « Il n'y a plus personne ici, à l'hôpital divisionnaire, ni au séminaire, à qui l'on puisse confier des malades et des blessés. » — Parme, 26 juin : « L'ambulance du quartier général n'a point de médecin-major, et trois aides-majors de

cette ambulance sont détachés d'urgence près
des corps de troupes. » — Le 27 juin :
« L'insuffisance du nombre des infirmiers militaires a été encore bien regrettable pendant
et après la bataille de Solferino. » Le médecin
en chef n'a rien laissé ignorer des difficultés
dont on allait être assailli ; supputant les
éventualités, calculant le nombre de blessés
que les batailles prochaines enverraient aux
ambulances, il avait, le 26 mai, énergique-
ment demandé le personnel dont il avait besoin pour sauvegarder les intérêts de l'armée
française, répondre à la confiance du pays
et protéger la vie de nos soldats.

Il réclame avec insistance l'envoi immédiat
de cent cinquante médecins, dont vingt principaux, cinquante majors, quatre-vingts aides-
majors, et l'admission provisoire de cent cinquante sous-aides auxiliaires. La lettre suivit
la voie hiérarchique ; elle fut adressée à l'intendance, qui l'expédia au ministre de la
guerre. Celui-ci écrivit à l'empereur pour
témoigner la surprise que lui causaient de

telles exigences. Cependant il fait preuve de
bonne volonté et publie un avis annonçant
que le 20 juin un concours sera ouvert dans
les hôpitaux militaires de France pour le
grade de sous-aide. Le 20 juin ! — c'est-à-dire
seize jours après Magenta, cinq jours avant
Solferino. — *Festina lente*, hâte-toi lentement,
est un sage précepte; mais encore faut-il que
l'on n'attende pas que les événements se
soient produits pour essayer d'y parer.

Pendant le cours de cette campagne, le
service de santé fut numériquement inférieur
aux obligations qui s'imposaient; on eût pu
le quintupler sans le mettre encore en proportion avec les nécessités qui lui incombaient.
Le médecin en chef, sur lequel on fait naturellement peser une responsabilité qui, en
réalité, ne lui appartient pas, est-il libre du
moins de son personnel, et peut-il le distribuer là où il sait que le service l'exige? Nullement. On fait des mutations sans le prévenir.
Où sont les médecins? Le plus souvent on le
lui laisse ignorer.

On envoie aux ambulances ceux qu'il destine aux régiments, on garde aux hôpitaux ceux qu'il veut diriger sur les corps en marche; non seulement les intendants ne tiennent pas compte de ses réclamations, mais les généraux le contrecarrent. Le 21 juin, il demande que l'on fasse revenir en hâte les médecins de l'ambulance générale, qui ont été provisoirement détachés à l'hôpital de Novare ; il prévoit la bataille de Solferino. Sa réclamation reste sans effet; il la renouvelle le 22 et le 23 ; le 24, 300,000 hommes se rencontrent et se heurtent. Le nombre des médecins est dérisoire; il écrit encore et apprend enfin que ses subordonnés ont été retenus à Novare par l'autorité du commandant de place.

Si le personnel est insuffisant, si on ne lui accorde ni les moyens de transport, ni les facilités de service qui lui sont nécessaires, on peut espérer du moins que l'outillage ne lui fait pas défaut, qu'il a le linge en profusion et les médicaments en quantité convenable. Les magasins de nos places de guerre regorgent ; on n'a qu'à y puiser pour fournir au corps médical les objets sans lesquels il reste paralysé. La correspondance entre les médecins et les intendants militaires peut nous édifier à cet égard : « 17 mai : Le deuxième corps est aujourd'hui à Sale et à la veille d'en venir aux mains. Vous jugerez de notre embarras et de nos craintes quand vous saurez qu'il n'existe pour toute ressource, en matériel, qu'un caisson d'ambulance. Nous faisons faire cinquante brancards, car nous en sommes complètement dépourvus ; nous manquons également de couvertures. »

Le même jour (la date est importante à retenir), le médecin en chef écrit au président du conseil de santé : « En fait d'instruments, je tiens beaucoup à ce que la boîte à résection soit fournie d'urgence à chaque ambulance divisionnaire ; veuillez en assurer l'envoi immédiat, s'il n'a pas déjà été fait par l'administration de la guerre. » Le 19 mai : « Le service de santé du corps d'armée de la garde

n'est pas encore assuré... Absence de moyens
de transport, pas de litière, pas de cacolet,
pas de fourgon ; — pénurie de moyens de
pansement ; insuffisance des appareils à fractures. J'ai demandé avec insistance du chloroforme, du perchlorure de fer, rien ne m'a
encore été livré. » Ainsi, faute de chloroforme,
le patient ne peut être insensibilisé pendant
qu'on lui coupe un membre, et, faute de perchlorure de fer, on ne peut arrêter que difficilement les hémorragies, qui cependant ne
sont point rares dans les batailles.

Le 24 mai, après le combat de Montebello :
« Les salles, les cloîtres et l'église sont garnis
de paille, car nous manquons absolument de
couchage. Afin d'économiser le peu de linge
dont nous disposons, j'ai fait requérir des
habitants une certaine quantité de mousse destinée aux fomentations d'eau froide. Je vous
informe avec regret que, par suite de l'inexpé-
rience ou des préoccupations de l'intendance,
près de 800 blessés ont été nourris, pendant
quatre jours, par la commisération publique.

Les régiments et les ambulances continuent à manquer de médicaments, de même que nous sommes dépourvus d'infirmiers militaires. »

A Alexandrie, le 24 mai, 128 blessés et fiévreux arrivent par le chemin de fer, dans des wagons à marchandises, sur une légère couche de paille ; au débarcadère, nul moyen de transport. « Il m'a été répondu par MM. les officiers de l'intendance, présents à l'arrivée du convoi, qu'il n'y avait à la gare ni voitures ni brancards, mais qu'on les attendait d'un moment à l'autre. »

On a oublié les leçons reçues en Crimée ; l'encombrement des hôpitaux devient un péril ; on entasse les malades, les blessés les uns près des autres, on semble appeler l'épidémie. — « Gênes, 7 juin : Nous sommes loin du chiffre posé au début comme contenance de l'hôpital, et, en persévérant dans la voie où l'on nous pousse, nous arriverons à une catastrophe ; il est bon que l'intendance en soit bien convaincue et tienne compte de notre expérience. »

— « Gênes, 8 juin : Les médicaments pres-

crits jusqu'à ce jour ont été préparés par un
médecin aide-major, en attendant l'arrivée
d'un pharmacien. »

Le médecin en chef se désespère ; il aver-
tit, il prévient; de ses réclamations, nul souci.
— « 9 juin : Une nouvelle bataille semble
imminente du côté de Lodi, et il serait bien
regrettable que nous fussions encore pris au
dépourvu, comme à Magenta, pour assurer et
régulariser l'assistance et le transport des
blessés. » A ces doléances, comment va-t-on
répondre? « 10 juin : Il était onze heures du
soir quand nous entrâmes à Melegnano; le
spectacle qui nous y attendait était affreux,
surtout à cause de l'impossibilité où nous
étions de porter secours aux malheureux blessés; nos caissons d'ambulance n'arrivèrent le
lendemain que vers neuf heures et demie du
matin. » — « Turin, 15 juin : Nous sommes
débordés par les accidents, et il nous reste
beaucoup à faire pour nettoyer nos salles,
ouvrir les foyers purulents et prévenir l'at-
mosphère miasmatique qui a si cruellement

décimé nos amputés dans les hôpitaux de Constantinople. »

« 17 juin, Novare : Nous manquons complètement d'instruments pour les amputations dans l'hôpital le plus militarisé de la ville ; une boîte à amputation avait été prêtée par un médecin des environs. » — « Après Solferino, 25 juin : L'évacuation des blessés du champ de bataille a été difficile ou impossible sur plusieurs points, faute de moyens de transport. » — « 5 juillet : Depuis l'ouverture de la campagne, les médecins de régiment se plaignent de n'avoir reçu de la pharmacie centrale aucun des médicaments qu'ils ont demandés. » Quinze cents kilogrammes de charpie sont égarés en route pendant quinze jours, et il ne faut rien moins que l'intervention irritée de l'empereur pour les faire retrouver.

On se souvient que, le 17 mai, le baron Larrey a demandé l'envoi immédiat de boîtes d'instruments à résection. Le 26 juin, il écrit : « Un certain nombre de plaies compliquées de fractures auraient nécessité des résections de pointes osseuses ; malheureusement, la boîte à résection, réclamée depuis longtemps, fait toujours défaut. » Le 12 juillet, le président du conseil de santé répond à cette lettre du médecin en chef : « Le conseil comprend difficilement qu'on n'ait pas mis à votre disposition les boîtes à résection qui ont été expédiées sur Gênes dans les premiers jours de juin. »

Elles étaient à Gênes, ces malheureuses boîtes, et elles y étaient restées ! L'armistice est signé, la période des combats a pris fin, et l'on va enfin les remettre aux ambulances, qui n'en ont plus que faire, et qui auraient dû les recevoir à l'heure même où l'armée quittait la France. Que d'explications à bien des désastres on peut trouver dans les citations que je viens d'emprunter à des correspondances officielles ! « Trop tard » est un mot que l'on a souvent prononcé dans notre pays.

Si les médecins se lamentent de l'impuissance à laquelle ils sont condamnés, l'intendance est placide et raconte ce qu'elle a fait.

L'intendant en chef de l'armée écrit : « A Solferino, des ambulances volantes, composées
de mulets à cacolets, auxquels on joignit des
caissons du train, furent dirigées sur les
points où l'action était engagée, pour relever
les blessés et les porter aux ambulances. Il
en fut ainsi amené 10,212 du 25 au 30 juin. »
La bataille avait eu lieu le 24 : cinq jours
pour ramasser les blessés!

Combien sont morts que l'on aurait pu,
que l'on aurait dû sauver! Combien ont vainement appelé, sans pain, sans eau, brûlés
par leurs blessures, sous l'implacable soleil,
dévorés par les mouches, désespérés, et se
demandant pourquoi ceux qui s'étaient si bien
battus étaient si cruellement abandonnés! Ils
auraient pu se répondre : C'est la guerre!
Oui, c'est la guerre, et c'est pourquoi elle
est abominable. Est-ce que Calvin avait raison lorsqu'il a dit : « Celui qui tient le
glaive est ennemi de Dieu »?

Est-ce donc que les intendants de tout
grade restaient indifférents aux souffrances

de nos soldats? Non certes, mais ils se mou-
vaient dans des règlements si étroits qu'ils en
restaient paralysés et que le plus souvent
ils subissaient les abus, faute d'y pouvoir
remédier. Le général Billot, ministre de la
guerre, me semble avoir exactement résumé
la question lorsque, le 17 mars 1882, il a dit
à l'Assemblée nationale : « Le corps de l'intendance, admirablement recruté, a fonc-
tionné selon ses lois aussi bien qu'il pouvait
le faire. Si des mécomptes se sont produits,
c'est plutôt la faute du système que celle du
personnel ; je tiens à rendre à l'intendance
cet hommage, qui lui est légitimement dû. »

A quelque chose malheur est bon. De l'horreur inspirée par la bataille de Solferino et
surtout par ses suites est née une idée généreuse que l'humanité a recueillie et a développée pour le grand bien des nations. La
bataille, qui fut inopinée, car les deux
armées ne se savaient pas si près l'une de
l'autre, fut livrée au plus long jour de l'année.
Sur un terrain de cinq lieues d'étendue, elle

mit en présence et en contact 300,000 hommes. Pour les deux adversaires, les conditions
furent mauvaises ; les Autrichiens n'avaient
reçu qu'une double ration d'eau-de-vie, les
Français n'avaient pris que le café du matin ;
la chaleur était accablante, un orage d'une
violence exceptionnelle éclata, et l'on se battit pendant quinze heures.

Il en résulta que les blessés étaient affamés
et déjà affaiblis lorsqu'ils tombèrent. Beaucoup d'entre eux avaient perdu leur sac, c'est-
à-dire tout ce qu'ils possédaient. En effet,
les chasseurs et les voltigeurs de la garde
avaient déposé leurs sacs près de Castiglione,
afin de s'élancer plus légèrement à l'assaut
de Solferino. Tout ce bagage fut perdu ; le
linge, les chaussures et ces mille riens chers
au soldat furent volés. En outre, les paysans
avaient dépouillé les morts et même les
blessés, qui, presque tous, furent retrou-
vés n'ayant plus de souliers aux pieds. Ça
aussi, c'est la guerre ; pour la bien apprécier, il ne faut point la voir dans ses résul-

tats, il faut la regarder dans ses moyens.

Dans les villages, dans les fermes isolées, dans chaque *tenuta,* on avait, vaille que vaille, improvisé des ambulances ou, pour mieux dire, des refuges où l'on apportait les blessés. Le plus grand nombre, Français et Autrichiens, avaient été réunis dans la ville de Castiglione, qui avait été transformée en hôpital provisoire. L'évacuation sur les hôpitaux de Bergame, de Brescia, de Crémone, de Milan, fut impossible, parce que, les Autrichiens ayant quelques jours auparavant réquisitionné toutes les charrettes du pays, les moyens de transport faisaient défaut. « A Castiglione, dit un témoin oculaire, l'encom brement devint indescriptible[1]. » L'encombrement fut tel, que l'on a calculé que chaque médecin eut près de cinq cents blessés à soigner.

---

1. *Un souvenir de Solferino,* par J. Henry Dunant;. ne se vend pas. Genève, 1862. C'est à ce volume,qui eut une si précieuse influence sur l'organisation de la Croix rouge, que j'emprunte les détails relatifs à Castiglione.

L'ambulance du grand quartier général s'y était établie. L'hôpital, les casernes, les églises, les maisons particulières, les rues que l'on abrite à l'aide de tendelets, les cafés, les boutiques reçoivent des blessés. L'entassement interrompt tout service. On ne manque ni d'eau, ni de vivres, ni de charpie, mais les blessés meurent de soif, meurent de faim, ne sont point pansés. Le personnel fait presque défaut; la plupart des médecins ont dû se rendre à Cavriana; il n'y a pas d'infirmiers. Les habitants de Castiglione ont beau se multiplier, ils ne parviennent pas à porter secours à tous les malheureux qui les implorent; les bras manquent et les blessés restent en souffrance. « Un vieux sergent, décoré de plusieurs chevrons, disait avec amertume : Si l'on m'avait soigné plus tôt, j'aurais pu vivre, tandis que ce soir je serai mort. »

Deux jours après la bataille, une panique affola Castiglione : une colonne de prisonniers, marchant sous la conduite d'un détachement de hussards, fut prise pour un corps de l'armée autrichienne faisant un retour offensif; on fut saisi de terreur, et l'homme se montra dans sa simplicité lâche et cruelle. On ferma la porte des maisons, on barricada les rues, on brûla les drapeaux italiens et français dont toute fenêtre était pavoisée. La plupart des habitants décampèrent, emportant ce qu'ils avaient de plus précieux; ceux qui eurent le courage de rester firent preuve de prudence. A la place des blessés français, ils installèrent des blessés autrichiens.

La débâcle fut complète; toutes les charrettes, les voitures d'ambulance, les fourgons de vivres s'élancèrent à fond de train sur la route de Brescia, « foulant les blessés qui supplient qu'on les emmène et qui, sourds aux observations, se débarrassent de leurs bandages, sortent tout chancelants des églises, et s'avancent dans les rues sans savoir jusqu'où ils pourront aller[1]. » La peur s'apaisa, car elle était sans cause, et les blessés

1. Dunant, 49.

français reprirent, à Castiglione, la place qu'on les avait forcés de céder à d'autres.

On glosa beaucoup de cette panique à l'époque, surtout en Italie, où le récit se propagea de proche en proche. Bien des blessés y périrent ou en devinrent incurables. On eût conservé plus de sang-froid, les estropiés n'auraient point essayé de fuir, les conducteurs des voitures d'ambulance seraient restés à leur poste, les blessés des deux nations n'auraient couru aucun risque et n'auraient point obéi aux mauvais conseils d'une terreur imaginaire, s'ils avaient été déclarés neutres par les lois de la guerre, laissés en dehors des hostilités auxquelles ils ne pouvaient plus prendre part, et protégés par un cartel de sauvegarde consenti entre les nations belligérantes.

Cette idée, qui a mis tant de siècles à pénétrer les cœurs, fut exprimée publiquement, pour la première fois, par un chirurgien émiment, membre correspondant de l'Institut de France pour l'Académie des Sciences. Le

28 avril 1861, le docteur Palasciano lut à l'académie Pontraniana un mémoire : *la Neutralità dei feriti in tempo di guerra*. C'est l'acte de naissance de la convention de Genève.

D'autres viendront qui reprendront l'idée, la matérialiseront, la présenteront à l'acceptation des nations civilisées, et se verront assez heureux pour la faire adopter; mais, en réalité, elle se manifeste pour la première fois à Naples, par l'initiative du docteur Palasciano. S'il n'a point baptisé l'Amérique, il l'a découverte. L'abandon des blessés sur le champ de bataille de Solferino, la panique de Castiglione ont troublé son cœur et lui ont indiqué le but que l'humanité devait atteindre pour affaiblir, autant que possible, les horreurs de la guerre. C'est grâce à lui que les faits dont je viens de parler appartiennent désormais à l'histoire et ne doivent plus se reproduire. Tout ce qui touche au service de santé des armées, — blessés et médecins, hôpitaux et fourgons, — est à l'abri de la guerre, et les sociétés groupées autour de l'étendard de la Croix rouge apportent au corps sanitaire une aide qui le complète et lui donne la possibilité numé-rique de remplir sa mission.

CHAPITRE III

LA CONVENTION DE GENÈVE

M. Henry Dunant. — *Souvenir de Solferino*. — Il provoque la création des Sociétés de secours aux blessés militaires. — Il demande l'intervention de l'initiative individuelle. — Les infirmiers volontaires supérieurs aux infirmiers salariés. — Le docteur Palasciano et M. Henry Dunant posent les vrais principes de la neutralisation et du secours aux blessés. — La Société Genevoise d'utilité publique. — Elle est saisie de la question. — Commission présidée par le général Dufour. — Exemple donné par l'Amérique. — Un milliard 144 millions de dons volontaires pour les blessés. — Convocation d'une conférence internationale. — La conférence est ouverte le 20 octobre 1863. — On se met d'accord. — La convention pour l'amélioration du sort des blessés en campagne est signée le 22 août 1864. — Les dix articles. — Le signe distinctif. — De gueules à la croix d'argent, d'argent à la croix de gueules. — La France adhère la première à la convention de Genève. — Les autres nations y adhèrent successivement. — L'Allemagne organise la première Société de secours aux blessés. — La guerre de 1866. — Vienne installe le premier office de renseignements. — L'union patriotique des dames allemandes. — Quinze millions de francs. — Organisation des premiers trains sanitaires. — Ambulances de ravitaillement. — Le choléra. — Les lazarets. — On perfectionne l'organisation pendant la paix. — Multiplication des comités de secours. — Distribution de brochures.

— La rapidité du mouvement des armées exige la rapidité des secours. — Prévision de l'Allemagne. — Leçon dont il serait bon de profiter. — Guerre de 1870. — Dès la première semaine le comité central de secours à Berlin reçoit 70 millions de francs en souscriptions volontaires. — Organisation très forte. — Catégories et direction spéciales. — Train sanitaire de neuf cents blessés. — Progrès considérable.

Le vœu du docteur Palasciano serait peut-être resté platonique, si, presque à la même heure, un écrivain ne l'avait formulé. Né en Suisse, dans un pays neutre, où toute liberté est laissée aux discussions, M. Henry Dunant avait assisté, en curieux, à la bataille de Solferino et à tout ce qui s'en suivit. Il publia un volume qui contenait ses observations, mais il parut y attacher peu d'importance, car il ne le livra pas au commerce et se contenta de le distribuer à quelques personnes, à quelques sociétés savantes qui pouvaient y prendre intérêt. La bataille l'a ému, mais bien moins que le sort des blessés; c'est d'eux qu'il se préoccupe, c'est à leur salut qu'il pense, c'est à les secourir par tous moyens possibles qu'il convie la civilisation.

Le docteur Palasciano réclame des immunités internationales en faveur des blessés et de
ceux qui en ont charge; M. Dunant demande
l'intervention de l'humanité pour suppléer à
l'insuffisance permanente du service médical
et pour remédier à l'abandon pour ainsi dire
forcé des blessés sur le champ de bataille. Il
dit : « Dans aucune guerre et dans aucun
siècle, on n'avait vu un si grand empressement et un si beau déploiement de charité, et
pourtant ce dévoûment si général et si remarquable a été sans aucune proportion avec
l'étendue des maux à secourir; d'ailleurs, il
ne s'adressait qu'aux blessés de l'armée
alliée et nullement aux malheureux Autrichiens[1]. »

Il sait que le personnel des ambulances
militaires est insuffisant et sera toujours insuffisant, fût-il doublé, triplé, quadruplé. Il constate que les progrès dans l'œuvre de destruction sont incessants et semblent exciter

1. *Souvenir de Solferino,* p. 110.

l'émulation des gouvernements, pendant que l'œuvre de salut demeure stationnaire et trop souvent inefficace. Puisque le principal souci des peuples est de se tenir prêts à la guerre, il se demande pourquoi on ne se préparerait pas également à soulager les maux qu'elle fait naître. Le vœu qu'il formule est simple : « N'y aurait-il pas moyen, pendant une époque de paix et de tranquillité, de constituer des sociétés de secours dont le but serait de donner des soins aux blessés en temps de guerre, par des volontaires zélés, dévoués et bien qualifiés pour une pareille œuvre? » Tout ce qu'il a vu sur le lieu du combat, dans les ambulances volantes, dans les maisons de Castiglione, dans les hôpitaux de Brescia, de Milan, d'Alexandrie, lui a donné une expérience qui va porter ses fruits.

Les observations qu'il a faites lui inspirent une réflexion dont la justesse frappera tous ceux qui se sont occupés des établissements hospitaliers. Elle est à méditer, et j'y insiste : « Pour une tâche de cette nature, dit-il, il ne

faut pas de mercenaires ; trop souvent, en
effet, les infirmiers salariés deviennent durs,
ou le dégoût les éloigne et la fatigue les rend
paresseux. Il faut, d'autre part, des secours
immédiats, car ce qui peut sauver aujourd'hui
le blessé ne le sauvera plus demain. Il faut
donc des infirmiers et des infirmières volontaires, diligents, préparés et initiés à cette
œuvre, et qui, reconnus par les chefs des
armées en campagne, soient facilités et sou-
tenus dans leur mission. »

Par le docteur Palasciano et par M. Henry
Dunant, le double problème de la neutralisation des services sanitaires et de l'organisation
des secours à apporter aux blessés était soulevé ; une modeste association destinée à pourvoir à des intérêts locaux, « la Société genc-
voise d'utilité publique, » allait en déterminer la solution, et, par la seule force d'une
idée juste, l'imposer à tous les gouvernements
de l'Europe.

Le principe sur lequel on devrait s'étayer
pourrait se formuler ainsi : En guerre, comme

en pénalité, tout ce qui outrepasse l'indispensable est criminel. C'est là un axiome dont les nations ne sauraient trop se pénétrer, car, la guerre étant encore restée dans nos mœurs comme un indice persistant de la bestialité préhistorique, le devoir de toute créature humaine est d'en adoucir les conséquences. A ce point de vue, l'action de « la Société genevoise d'utilité publique » constitue un progrès de premier ordre. Ce fut le 9 février 1863 que la Société genevoise chargea une commission spéciale de donner une forme pratique aux idées de M. Dunant.

Le président de la commission était le général Dufour, commandant en chef les forces de la Confédération helvétique, stratège éminent, qui, malgré ses talents militaires, n'avait jamais vu dans les luttes des peuples entre eux que la plus détestable des nécessités. Il avait pour assesseurs le docteur L. Appia, qui avait fait la campagne d'Italie en qualité de chirurgien volontaire, le docteur Th. Maunoir, M. Henry Dunant et M. Gustave Moynier, pré-

sident de la Société, auteur d'un livre auquel
je ferai plus d'un emprunt[1].

La volonté de bien faire était extrême, mais,
pour concréter les aspirations dont on était
animé, on manquait de point d'appui; l'Europe n'offrait aucun exemple dont on pût profiter; en temps de conflit, la bienfaisance
avait toujours agi isolément, au gré de l'initiative individuelle, sans entente préalable,
un peu au hasard et souvent à l'aveuglette. Il
fallait, pour remplir le programme qu'on s'é-
tait fixé, réunir en un seul effort collectif tous
les efforts particuliers, de façon à leur imprimer un mouvement d'ensemble concerté dans
l'action et fécond dans les résultats.

On étudia la constitution et le mode d'opé-
rer de la Commission sanitaire des États-Unis
d'Amérique pendant la guerre de Sécession,
qui faisait arriver ses chirurgiens sur les
champs de bataille avant le service officiel des
ambulances et qui recueillit en dons de cha-

1. *La Croix-Rouge, son passé et son avenir.* 1 vol,
in-8. Paris, 1882; Sandoz et Thuillier.

rité la somme d'un milliard 144 millions. Peu
à peu on parvint à faire sortir des délibérations
un projet acceptable, mais on était exposé à le
voir rester à l'état d'utopie et demeurer inutilement inscrit sur les registres des procès-
verbaux d'une Société sans mandat et sans
rayonnement. C'est alors qu'on eut l'idée de
convoquer une conférence générale, d'y appeler les gouvernements qui se targuent de civilisation et de solliciter leur avis sur les propositions que l'on comptait leur soumettre.

Il n'était que juste, du reste, de consulter
sur un objet de cette importance les nations
militaires pour lesquelles la guerre semble être
le moyen le plus précieux de s'agrandir mora-
lement et matériellement. La conférence s'ouvrit à Genève le 20 octobre 1863[1]. M. Dunant
put être satisfait : l'Autriche, l'Espagne, la
France, la Grande-Bretagne, les Pays-Bas, la
Prusse et six autres États allemands, la Suède
et la Suisse, la bonne initiatrice, s'étaient

---

1. Le 20 octobre 1888, la Croix Rouge a célébré ses
noces d'argent avec la Charité.

fait officiellement représenter. En outre, la
Belgique, le Danemark, l'Italie, le Portugal
avaient envoyé des adresses de félicitations et
d'encouragement.

On avait répondu à l'appel de Genève, ce
qui est pour étonner; mais ce qui est bien
plus extraordinaire, c'est que l'on se mit d'accord et que, sous la haute direction du général Dufour, un des hommes les plus considérés de son temps, quatorze gouvernements,
d'origine et de tendances différentes, s'unirent
dans une pensée commune de libération du
mal. Avec une habileté remarquable et voulant faire œuvre vivace, la conférence, en
adoptant les « résolutions » qui allaient devenir loi internationale, resta dans les généra-
lités, reconnut la hiérarchie des services militaires, n'empiéta sur aucun, ne voulut que
leur venir en aide, déclara que toute partie
belligérante avait des droits égaux à l'assistance sanitaire, et s'en rapporta aux souverains
pour déterminer le mode d'action des sociétés
de secours formées dans leurs États. En un

mot, on promulguait un acte irréductible
d'humanité ; c'était aux gouvernements à
l'appliquer selon leurs lois, selon leurs cou-
tumes, mais pour le plus grand bien de tous.

Le 22 août 1864, les délégués, — on peut
dire les plénipotentiaires, — ayant écarté toute
objection et aplani toute difficulté, signèrent
« la convention de Genève pour l'amélioration
du sort des militaires blessés en campagne ».
Elle est composée de dix articles, dont les
principaux sont : « 1° les ambulances et les
hôpitaux militaires sont neutralisés ; 2° le
personnel des hôpitaux et des ambulances
participe à la neutralité ; 3° le personnel sanitaire pourra continuer son service après l'occupation de l'ennemi ou se retirer ; 4° le service sanitaire en se retirant ne pourra emporter que ses objets personnels ; les ambulances,
au contraire, conservent leur matériel ; 5° les
habitants portant secours aux blessés seront
respectés et seront dispensés du logement militaire ; 6° les blessés des parties belligérantes
seront remis aux avant-postes ou rapatriés

s'ils sont reconnus incapables de reprendre
le service[1]. »

Il était nécessaire d'adopter un signe distinctif qui fît reconnaître le personnel sanitaire à quelque degré hiérarchique qu'il ap-
partînt. Les armoiries de la Confédération helvétique étant de gueules à la croix d'argent, on
les inversa et l'on en fit l'écusson d'argent à la
croix de gueules. Les chirurgiens, les ambu-
lanciers, les infirmiers le portent en brassard ;
les hôpitaux, les ambulances, les convois de
brancards l'arborent sur un drapeau. Aujour-
d'hui la Croix rouge est une sauvegarde ; elle
n'a pas toujours été respectée.

Ce n'était pas tout que d'avoir réglé la convention, il s'agissait de la faire accepter par
les divers gouvernements d'Europe. A notre
honneur, ce fut la France qui paya d'exemple ;
un mois après la signature de l'instrument
définitif, c'est-à-dire le 22 septembre 1864,
elle y adhérait. En Allemagne, le grand-duché

1. Voir Pièces justificatives, n° 2.

de Bade fait, le premier, acte d'initiative le
16 décembre 1864; la Prusse n'arrive que la
treizième, le 22 juin 1865; l'Autriche s'at-
tarde et n'apparaît que le 21 juillet 1866 : à
la journée de Sadowa, elle dut regretter ses
lenteurs; la Russie, qui est très ardente actuellement à propager les nouvelles doctrines, se
laissa devancer par presque toutes les puissances et ne donna son consentement que le
22 mai 1867. Aujourd'hui, nulle puissance ne
s'est soustraite à cette loi d'humanité; l'Ancien et le Nouveau Monde fraternisent à travers les océans, et désormais la guerre proté-
gera ses victimes, en reconnaissant qu'elles
ont droit aux immunités de la Croix rouge[1].

Non seulement l'Allemagne se rallia aux
statuts de la convention de Genève, mais elle
fut la première à lui donner pour corollaire et
pour point d'appui une Société de secours
aux blessés. Elle y fut conviée par la guerre
de Bohême, 1866, qui mit face à face et les

1. Voir Pièces justificatives, n° 3.

uns contre les autres tous les Etats dont l'union forme actuellement l'Empire germanique. Chacun des gouvernements engagés dans la lutte eut son comité d'action, qui réunissait les dons en argent et en nature, établissait des ambulances, suscitait le bon vouloir des médecins civils et venait en aide, dans une très appréciable mesure, aux chevaliers de Saint-Jean de Jérusalem et de l'ordre Teutonique, relevant des couronnes de Prusse et d'Autriche, qui avaient pour mission de veiller au salut des blessés.

Quoique l'Autriche, toujours un peu hésitante, n'eût pas encore accepté la sauvegarde de la Croix rouge, on n'y fit pas moins des efforts très sérieux pour amoindrir les cruautés de la guerre, et on y organisa, pour la première fois, un bureau de correspondances qui facilitait les communications des soldats avec leur famille et fournissait des renseignements sur les malheureux recueillis dans les ambulances et dans les hôpitaux. C'était là une amélioration excellente, qui, née à Vienne de

l'initiative individuelle de quelques gens de
bien, a rendu de grands services, et est aujourd'hui adoptée par tous les groupes bien-
faisants rattachés à la Croix rouge.

A l'appel qui leur fut adressé, les femmes
de l'Allemagne répondirent avec empressement. Ce ne fut pas un élan de prime-saut,
suscité par une émotion subite et s'éteignant
lorsque la cause qui l'a soulevé a disparu ;
non, ce fut un mouvement méthodique et rai-
sonné, qui a subsisté et qui subsiste. Sous la
haute direction de la reine de Prusse (impératrice Augusta) et de la grande-duchesse de
Bade, elles formèrent « l'Union patriotique
des dames allemandes », et ce ne fut peut-être
pas sans un légitime orgueil qu'elles constatèrent que le « sexe faible » était plus rapidement accouru que le « sexe fort » à la voix de
la charité qui conviait à rétrécir, autant que
possible, les limites des champs où se meut la
frénésie des hommes.

On semblait, du reste, s'être préparé pendant la paix aux devoirs imposés par la

guerre. Pendant cette courte campagne, qui
eut de si prodigieux résultats et dont l'action
foudroyante a rempli l'Europe de stupéfac-
tion, le seul comité de Berlin encaissa quinze
millions de francs ; 200 employés salariés,
250 femmes recevaient, classaient les objets de
toute sorte qui affluaient de chaque coin des
provinces de Prusse et les expédiaient par des
convois de chemins de fer dirigés sur les
points où les blessés avaient été transportés.
Sur le passage du train sanitaire, on avait
rassemblé, dans certaines stations, tout ce
qui pouvait soulager les soldats mis hors de
combat. On faisait place dans des ambulances
transitoires à ceux que la faiblesse accablait,
on réconfortait ceux qui pouvaient continuer
leur route sans péril ; on leur distribuait des
boissons cordiales, des aliments, des couvertures ; pendant l'arrêt des convois, on renou-
velait le pansement, et l'on put ainsi arracher
à la mort bien des hommes qui, s'ils n'avaient
reçu ces soins intelligents, ne seraient point
arrivés vivants à destination.

C'est la première fois que des sociétés de secours, portant le brassard de la Croix rouge, intervenaient ; on n'eut qu'à leur rendre grâce, car leur intervention fut un bienfait. Ces stations de ravitaillement furent d'une incalculable utilité ; celle de Pardubitz, peu éloignée de Sadowa, secourut de toute manière, en moyenne, de 600 à 800 hommes par jour, pendant deux mois, au cours des évacuations successives faites par les ambulances sur les hôpitaux [1]. Le vieil ami des armées combattantes, l'allié naturel de la guerre, le choléra, n'était pas loin. La Société de secours le reçut de pied ferme, et les « lazarets » qu'elle fit construire à Berlin furent, dit-on, des modèles d'organisation hygiénique et matérielle.

Les preuves étaient faites, éclatantes ; derrière l'armée de la guerre, l'armée de la compassion avait aussi remporté sa victoire. Les succès que l'on avait obtenus causèrent une satisfaction qui fut un encouragement à con-

1. Moynier, p. 100.

tinuer l'œuvre entreprise, à la développer, à
la fortifier et à la mettre en tel état qu'elle fût
prête à fonctionner au premier signal. On
s'ingénia à lui donner une mobilisation aussi
rapide que celle de l'armée, et à lui imprimer
une direction si bien combinée, que les ambulances volontaires pourraient être toujours à
portée de contact avec les troupes en marche
ou en campagne. On profita de la paix, non
pas pour se dissoudre et s'ajourner au prochain conflit, mais pour resserrer les liens qui
unissaient les comités entre eux, préparer les
ressources, s'assurer le concours d'un personnel dévoué et augmenter les moyens d'action.
En un mot, on voulut n'être surpris par
aucun événement et répondre à la confiance
que les premières expériences avaient inspirée.

C'était logique. Dans un pays où les armées
sont permanentes et toujours tenues en haleine,
les sociétés chargées des secours sanitaires
doivent être également permanentes; derrière
le drapeau militaire qui conduit au combat,

il convient que l'on aperçoive l'étendard de
la Croix rouge, qui promet l'assistance et fait
flotter un emblème de salut au-dessus des
massacres. C'est ce que l'Allemagne a compris, et elle profita de la période de paix
qui suivit la campagne de 1866 pour multiplier ses comités de secours, en diriger l'influence jusque dans les plus minces bour-
gades, les ramifier entre eux, et leur donner
d'inébranlables assises en faisant participer la
nation entière à cette œuvre, que commandaient le patriotisme et l'humanité.

C'est par milliers, par millions peut-être,
que l'on distribua des brochures où le but de
la société était nettement défini, où des notions élémentaires sur le transport des blessés,
sur les premiers soins à leur administrer
étaient indiqués; c'était une sorte de manuel
de l'infirmier volontaire, qui faisait pénétrer
dans les masses la pensée d'un devoir jusqu'alors ignoré ou méconnu. La tâche n'était
point difficile pour un peuple d'instruction
obligatoire, chez lequel le dernier des paysans

sait écrire et lire. Il en résulta un autre avantage : on ne fut plus embarrassé pour obvier
provisoirement aux mille accidents de la vie
ouvrière et de la vie agricole : on recourait
aux instructions du manuel et on s'en trouvait bien.

La vapeur, l'électricité ont imprimé aux
mouvements des troupes en formation une
rapidité extraordinaire ; aujourd'hui, la guerre
est à peine déclarée que l'on entend les coups
de fusil ; les derniers régiments sont encore
en marche que déjà les premiers sont obligés
d'évacuer leurs blessés. C'est pourquoi le
secours doit être à courte distance du désastre ;
c'est pourquoi le comité sanitaire doit, dès le
jour de l'étape initiale, être en mesure d'accompagner l'armée, de telle sorte que la tente
d'ambulance soit dressée lorsque le premier
canon est mis en batterie. De cela aussi l'Allemagne s'était rendu compte, et elle ne fut
point prise au dépourvu lorsque l'heure du
péril sonna inopinément.

Pendant les quatre années qui s'écoulèrent

entre la guerre de Bohême et la guerre de
France, l'Allemagne était, du reste, dans un
singulier état d'esprit. La paix qui régnait alors
semblait n'être pour elle qu'un armistice;
elle était agitée d'une inquiétude vague,
elle se contemplait avec étonnement, ne comprenant pas trop pourquoi elle s'était divisée
en deux camps adverses, et n'était pas loin de
chercher une occasion de se réunir dans une
action commune.

Elle était persuadée qu'un long temps ne
se passerait pas avant qu'elle eût à entrer
dans une lutte de suprématie sur les bords du
Rhin, qui est le fleuve des grands conflits.
Elle se laissait peu détourner de cette préoccupation, et elle mettait les jours à profit pour
compléter, pour fortifier son système militaire,
pendant que les comités de la Société de
secours aux blessés redoublaient de zèle,
recrutaient des adhérents, accumulaient le
matériel de pansement et enregistraient les
noms des médecins disposés à prendre le
brassard de la Croix rouge.

Là fut donné un exemple de prévision, une leçon qui, j'espère, ne restera pas stérile. En un clin d'œil on fut sur pied. Les mouvements des armées, celui des ambulances volontaires furent simultanés, et sur le premier champ de bataille les blessés trouvèrent ceux qui devaient les secourir. Tout fut fait avec une sorte de méthode scientifique qui exclut le désordre et rend les secours plus efficaces.

Dans le livre que j'ai déjà cité [1], M. G. Moynier dit : « En 1870, les Sociétés purent mieux que précédemment opposer les armes de la charité à celles de la violence et faire une rude guerre à la guerre elle-même. Après avoir passé par un utile apprentissage, elles avaient mis à profit les expériences du passé. » L'effort fut immédiat et imposant. Au lendemain de la déclaration de guerre, deux mille comités étaient à l'œuvre, reliés au comité central de Berlin et profitant de ses

1. Page 103.

ressources pécuniaires, qui atteignirent la somme de 18,686,273 thalers, représentant plus de 70 millions de francs.

L'État ne marchanda point son aide et accorda, sans hésiter, les franchises postale et télégraphique. L'organisation était très forte et très hiérarchisée ; elle recevait les ordres supérieurs et s'y soumettait, tout en réclamant de l'initiative individuelle le concours des dons et du dévoûment. Les objets destinés aux ambulances étaient transportés gratuitement par les chemins de fer, et ces objets furent si nombreux, qu'on fut obligé de les diviser par catégories et d'établir pour chacune d'elles une sorte de direction spéciale. « Le grand dépôt central comprenait sept sections : campement, vêtements, pansement, instruments et appareils chirurgicaux, médicaments et désinfectants, aliments et tabac, installation des hôpitaux[1]. »

L'influence des sociétés de secours fut pré-

1. Moynier, p. 107.

pondérante en tout ce qui concerna l'évacuation des blessés sur des hôpitaux ; c'est à elles que l'on doit l'installation des trains spécialement disposés et outillés pour le transport des blessés. Le grand-duché de Bade, le Wurtemberg, la Bavière, la Prusse rivalisaient d'émulation dans l'aménagement de ces wagons, qui formaient de véritables hôpitaux ambulants, et où l'on parvenait à placer, dans de tolérables conditions d'hygiène et de confort, jusqu'à 900 malades pour un seul voyage. Des médecins, des aumôniers convoyaient ces malheureux, qui, au long de leur route, traversaient des lazarets temporaires où ils pouvaient s'arrêter et reprendre des forces, s'il en était besoin. On ne recula devant aucun effort, devant aucun sacrifice pour rendre moins cruelles les suites de la guerre. C'est là un immense progrès dont profitera l'humanité.

Il n'est qu'équitable de reconnaître que l'Allemagne n'a rien négligé pour porter secours aux victimes des batailles. La victoire

lui rendait la tâche facile, et elle n'eut pas à lutter contre les obstacles que les sociétés de France ne purent vaincre qu'à force de persévérance et d'énergie.

CHAPITRE IV

LA GUERRE FRANCO-ALLEMANDE

Insouciance française. — La loi militaire de 1867. — Opinions saugrenues. — Les calculs de M. Thiers. — L'incident Hohenzollern. — Ressources et organisation dérisoires de la Société française de secours aux blessés. — En caisse : 5,325 fr. 50. — On se rit du signe de sauvegarde. — Le coup de foudre. — Affolement général. — Déclaration de guerre. — La Société est prise au dépourvu. — Énergie du comité présidé par le comte de Flavigny. — Combat de Wissembourg, départ de la première ambulance. — Défilé et quête. — Ambulance trop lourde. — Ambulances dédoublées. — Le personnel et le matériel d'une ambulance de guerre. — Dix-sept ambulances organisées et expédiées en un mois. — Le Palais de l'Industrie. — Empressement. — Les préparatifs de la défense de Paris. — Les femmes. — Elles sont admirables. — L'infirmière et l'infirmier. — Paris est forclos. — Les ambulances de la Société sont au feu. — Les secours internationaux. — L'ambulance de la Presse. — Prisonnière. — Délivrée par ordre du roi de Prusse. — Les comités de province sont à l'œuvre sans désemparer. — Ambulances improvisées. — Confusion générale. — Abus. — Les secours de l'Angleterre. — L'hospitalité de la Suisse. — Nos morts, nos blessés et nos malades. — Fournisseurs meurtriers. — Gambetta rattache toutes les sociétés isolées à la Société mère des secours aux blessés. — L'office des renseignements. — Correspondance avec nos sol-

dats prisonniers en Allemagne. — La Société de secours à
Paris. — Ses ambulances fixes. — Ses ambulances volantes.
— Le Père Allard fusillé par la Commune. — La tournée quotidienne des forts. — La Société de secours fut l'âme de la
défense contre la mort.

L'insouciance est un des caractères distinc-
tifs de l'esprit français; elle constitue une
partie de sa vitalité, mais elle a été cause de
plus d'un malheur. La France ne sait point
prévoir; de là naît une sécurité trompeuse
qui, trop souvent, l'a mise en état d'infériorité
vis-à-vis de ses adversaires. Elle ne reconnaît le danger que lorsqu'elle en est as-
saillie :

> C'est en éclatant sur nos têtes
> Que la foudre nous éclaira.

On le vit bien lorsque en 1867 on discuta, au
Corps législatif, la loi que présentait le maréchal Niel, et qui devait assurer à notre armée
le nombre et l'instruction indispensables. La
loi fut modifiée dans des proportions telles que
l'on peut dire, sans exagération, qu'elle n'existait plus quand elle fut adoptée; toute l'écono-

mie en avait été bouleversée par les amendements qui neutralisèrent le projet primitif.

Au cours de la discussion, des paroles furent prononcées qu'il est bon de retenir ; elles dévoilent l'incomparable légèreté qui nous guide jusque dans les questions où il s'agit de vie et de mort pour le pays ; car je me refuse à croire que, — comme on l'a prétendu, — la crainte de fortifier le pouvoir impérial ait été le mobile d'un vote à jamais regrettable. Un orateur a dit : « En admettant que nous éprouvions un échec lors de nos premières rencontres, nous aurons toujours deux ou trois mois devant nous pour former les cohortes. » Un député alla plus loin et ne craignit pas de dire : « Deux mois avant la guerre, prévenez-nous, et nous vous donnerons deux millions d'hommes, s'il le faut ! » Comme Jean Hus, du haut de son bûcher, la France aurait pu dire : *O sancta simplicitas !*

Le maréchal Niel, M. Rouher s'évertuaient à montrer le danger ; ils disaient : « La Prusse peut réunir 1,300,000 hommes contre

nous. M. Thiers, qui était l'oracle écouté du
Corps législatif, répondait : « Les chiffres
cités par M. le ministre d'État sont parfaite-
ment chimériques. La Prusse nous présen-
terait 1,300,000 hommes! Mais, je le demande, où a-t-on vu ces forces formidables?
La Prusse! combien a-t-elle porté d'hommes
en Bohême? 300,000 environ; c'est tout ce
qu'elle peut mettre sur pied; pas un de plus!
Il ne faut pas se fier à cette fantasmagorie de
chiffres; ce sont là des fables qui n'ont aucune
espèce de réalité. Donc que l'on se rassure!
notre armée suffira pour arrêter l'ennemi. »
M. Rouher, en effet, s'était trompé en disant que
l'Allemagne pouvait nous opposer 1,300,000
hommes; le chiffre exact était 1,370,000.
Lorsque M. Thiers a vu la France foulée par
900,000 Allemands, qu'a-t-il pensé de ces
chiffres, dont il raillait la fantasmagorie? Si
l'on eût alors écouté la voix du bon sens et
du patriotisme, on eût prévenu des maux qui
coûtent si cher à réparer aujourd'hui.

Le même Corps législatif qui avait refusé

à la France les moyens de faire face à un péril prévu, repoussa tout conseil de sagesse lorsque se produisit l'incident Hohenzollern : on se précipita vers la guerre avec une superbe que l'événement ne justifia pas. Si l'armée, d'où allait dépendre le salut de la patrie, était condamnée à se présenter devant l'ennemi dans des conditions numériques qui rendaient la victoire plus qu'incertaine, on peut juger que la Société de secours aux blessés n'était point prête à fonctionner.

Quoique existant de fait et sur le papier, comme l'on dit, elle n'avait, au mois de juillet 1870, ni organisation régulière, ni personnel, ni matériel. Ses ressources pécuniaires ne s'élevaient qu'à la somme dérisoire de 5,325 fr. 50. Croyait-on alors qu'elle pût sérieusement venir en aide aux services sanitaires des troupes en campagne? C'est douteux. L'intendance et le corps médical militaires en parlaient avec dédain, et se réservaient de la tenir à telle distance qu'elle ne pût apparaître autour des champs de bataille.

Non seulement on semblait résolu à écarter
l'ingérence de l'élément civil, mais on se gaus-
sait volontiers de la convention de Genève,
que l'on considérait comme une billevesée
humanitaire bonne à servir de thème à quelques bavards. Le signe de sauvegarde paraissait un emblème sans valeur : « Est-ce que
nous avons eu besoin de cela en Crimée et en
Italie? » Les fourgons d'ambulance n'arborè-
rent point la bannière, les officiers du service
sanitaire n'adoptèrent point le brassard : à quoi
bon ces enfantillages? Mal leur en advint.
Au soir de la bataille de Wœrth, les aides-
majors et les infirmiers faits prisonniers par
l'ennemi comprirent que les signes extérieurs
ne sont point toujours inutiles. On les relâcha,
mais après quelques bourrades qui leur firent
apprécier les mérites de la Croix rouge.

En 1870, la Société française de secours
aux blessés n'était guère représentée que par
un comité de bon vouloir, mais dont l'action
ne dépassait pas les limites du salon où il se
réunissait. Il avait cependant provoqué une

première réunion internationale dès 1867 et
fait acte de présence dans les villes où l'on
avait discuté les moyens pratiques de subvenir
aux besoins sanitaires des armées en campagne. En 1869, ses délégués avaient assisté
au congrès de Berlin et s'étaient engagés à
paraître à celui que Vienne préparait pour
l'année 1872. Sans s'émouvoir ni se presser,
on était résolu à profiter des loisirs de la paix
pour étudier théoriquement les divers éléments dont se compose l'assistance militaire.
On s'imaginait avoir bien des jours devant
soi, et l'on remettait à d'autres temps l'éducation qui déjà aurait dû être faite.

La destinée ne se soucie des projets humains; on dirait qu'elle emploie sa perversité
à les bouleverser et à changer les rêves en
cauchemars, au moment où l'on y pense le
moins. On se souvient de ce coup de foudre et
du soubresaut dont la France fut secouée jusque dans ses profondeurs. Le 30 juin 1870,
M. Émile Ollivier, président du conseil des
ministres, avait dit au Corps législatif : « A

aucune époque le maintien de la paix n'a été plus assuré qu'aujourd'hui. De quelque côté que l'on tourne les yeux, on ne découvre aucune question qui recèle un danger ; partout les cabinets ont compris que le respect des traités s'impose à chacun, mais surtout des deux traités sur lesquels repose la paix de l'Europe : le traité de Paris, de 1856, qui assure la paix à l'Orient, et celui de Prague, de 1866, qui assure la paix à l'Allemagne. »

Trois jours après, la candidature d'un prince de la maison de Hohenzollern au trône d'Espagne mettait l'opinion publique en désarroi : tout le monde perdait la tête ; on n'entendait plus que des appels aux armes ; le conflit, qu'il eût été facile d'éviter, devenait inévitable ; le 16 juillet, le pont de bateaux qui relie Kehl à Strasbourg était replié ; et le 19, la déclaration de guerre était officiellement transmise à la cour de Prusse.

La Société de secours aux blessés n'était en état de parer à aucune des difficultés qui subitement fondaient sur elle. La plupart des

membres du comité étaient hors de Paris; ils
y accoururent. Le 17 juillet, ils étaient réunis; ils se rendirent au château de Saint-
Cloud, où ils furent reçus par l'impératrice;
ils se déclarèrent en permanence et décidèrent
de siéger deux fois par jour au Palais de
l'Industrie, que le gouvernement avait mis à
leur disposition. Les magasins, comme la
caisse, étaient vides; il fallut tout improviser,
car, en réalité, rien n'existait. Depuis six ans
qu'elle avait été créée pour venir en aide aux
victimes de la guerre, la Société était prise
au dépourvu à l'heure où les hostilités com-
mençaient. Elle n'avait même pas un caisson
d'ambulance à faire marcher derrière les
caissons d'artillerie. La guerre, — et l'assistance sanitaire n'en est pas la partie la moins
importante, — ne peut se faire avec quelque
chance de succès qu'à la condition d'avoir été
préparée de longue main.

Le danger était pressant; l'énergie du comité de secours, présidé par le comte de Flavigny, fut irréprochable, et l'on fit des pro-

diges pour regagner le temps perdu. Hélas!
la violence avait trop d'avance sur la charité :
celle-ci arriva en retard. Le 2 août, un combat sans importance et surtout sans résultat
fut livré à Sarrebruck; c'était moins une
affaire d'avant-garde qu'une sorte de fantasia
destinée à amuser l'esprit public.

Le jeudi 4 août, les armées se rencontrèrent
sérieusement à Wissembourg : nous y fûmes
battus, et le rapport de M. de Moltke spécifie
les motifs de notre défaite : « Le 4 août, dit-il,
à cinq heures et demie du matin, un détachement français avait été envoyé en reconnaissance; il rentrait sans avoir aperçu aucun
indice de la marche de l'ennemi; les troupes
étaient donc occupées, soit à prendre leur
repas, soit à pourvoir à leurs divers besoins,
lorsque tout à coup, vers huit heures et demie
du matin, une batterie bavaroise gravit la
hauteur au sud de Schweigen et ouvre son
feu sur Wissembourg. Vers onze heures du
matin, des forces allemandes bien supérieures
se trouvaient formées en face de la division

française disséminée, pendant que d'autres masses s'acheminaient encore vers le champ de bataille. »

Surprise des troupes françaises, mal éclairées, luttant contre un nombre triple de troupes allemandes, toujours bien renseignées : ce fut le début de la campagne, et c'est l'histoire de toute la guerre de 1870. Le combat fut meurtrier; en tués, blessés et disparus, les Français perdirent 2,092 hommes et les Allemands 1,528.

Ce même jour, la Société de secours aux blessés mit en mouvement sa première ambulance, qui allait se diriger sur Nancy et sur Metz. J'étais au nombre des curieux qui, pour la voir partir, s'étaient groupés aux Champs-Élysées, devant le Palais de l'Industrie. On ne savait rien encore de la rencontre qui, le matin, nous avait repoussés de la frontière, mais cependant l'on était triste, et je ne sais quel douloureux pressentiment oppressait les cœurs; on était ému, et bien des yeux furent humides en voyant le docteur Lefort, les jeunes

chirurgiens, le pasteur, l'aumônier, les infirmiers qui l'accompagnaient, défiler en tête
d'un cortège composé de quatre-vingt-dix-
sept personnes, de vingt-sept chevaux et de
sept voitures.

On quêtait en marchant au milieu des pas-
sants arrêtés sur les trottoirs. Tout le monde
donnait, et j'ai vu plus d'une pauvre femme
faire le signe de la croix avec le sou qu'elle
laissait tomber dans l'aumônière. Cette ambulance, qu'encourageaient des vœux qui devaient rester stériles, était trop lourde, trop
encombrée de matériel et de personnel. A force
de vouloir bien faire, on avait trop fait. Le
développement exagéré nuisait à la rapidité
des mouvements, et l'on comprit qu'il valait
mieux multiplier les ambulances que de les
surcharger.

On les dédoubla et l'on adopta une sorte de
règle uniforme qui assurait à chacun de ces
petits hôpitaux mobiles quinze chirurgiens,
un aumônier, un pasteur, vingt ou trente infirmiers, deux voitures qui contenaient de

soixante à cent brancards, de quatre à six
tentes pouvant recevoir vingt lits chacune,
des vivres et des fourrages pour la consommation d'une semaine, et enfin un fourgon
contenant les boîtes d'instruments de chirurgie, les linges de pansement et une pharmacie de campagne. Dans l'espace d'un seul
mois, la Société de secours fit partir dix-
sept ambulances, qui rejoignirent les corps
d'armée et se mirent aux ordres des commandants en chef. Si l'on songe qu'au début
de la guerre rien n'était prêt, que rien n'avait
même été prévu, on reconnaîtra que ce résultat démontre une vigueur d'initiative que
rien n'a pu ralentir.

Ceux qui, à cette époque, ont visité le Palais
de l'Industrie, ne l'ont pas oublié. C'était le
quartier général de la commisération et du
dévoûment. On eût dit que chacun s'empres-
sait de participer à cette guerre qui menaçait
nos destinées. Pendant que nos soldats lut-
taient contre des masses ennemies au milieu
desquelles ils tourbillonnaient sans parvenir

à se faire jour, on accourait à leur aide, et la bonne France ne se réservait pas.

Comme dans la chanson chère aux enfants, « l'un apportait du linge, l'autre de la charpie ; » c'était par ballots, par charretées qu'arrivaient les objets de pansement, sans compter les vivres transportables, les flanelles contre la rigueur des nuits à la laide étoile, les vins réconfortants, les cigares pour les soirs de bivouac et l'argent qui est le nerf de la guerre, mais qui, entre des mains intelligentes, est bien souvent aussi l'instrument du salut.

Après la bataille de Wœrth (6 août), qui tue, blesse, fait disparaître dans les deux armées 27,527 hommes, on comprend que Paris sera attaqué et l'on se prépare à le défendre. On en presse l'armement, on y entasse les canons et les projectiles. Le hall du Palais de l'Industrie devient le magasin où, sans relâche, les camions versent les obus ; on accumule les engins de destruction à côté des vastes salles où la pitié recueille les objets de secours qui doivent atténuer les maux de

la guerre et porter préjudice à la mort.
L'activité était extrême; des deux parts nul
repos; la barbarie et l'humanité rivalisaient
de zèle.

Le labeur était excessif, et il fallut à la Société plus que de l'énergie soutenue par le
sentiment du devoir pour n'y pas succomber.
Jour et nuit l'on était sur pied; les femmes
étaient admirables : rien ne lassait leur courage et leur patriotisme. La maternité, qui est
en elles le plus profond des sentiments, s'af-
firmait par leur propre sacrifice en faveur des
blessés. L'une d'elles, dont les mains char-
mantes trouaient lestement les compresses
fenêtrées, me disait, les yeux pleins de larmes :
« Quelle triste layette ! » Le mot lui échappa,
mais je l'ai retenu, car il dévoilait ce qui se
passait dans son cœur. « Une infirmière vaut
plus que vingt infirmiers, » disent les Anglais, et les Anglais ont raison; les blessés
le savent bien.

Dans les hôpitaux, sur la couchette provisoire des ambulances, c'est vers la sœur, vers

la dame de charité, que le blessé tourne les
regards, c'est à elle qu'il demande assistance,
c'est par elle qu'il espère être pansé ; il subit
l'infirmier, il invoque l'infirmière ; l'un est
secourable par métier, l'autre est charitable
par instinct ; le pauvre homme, encore ému
de la bataille, sanglant et fracassé, ne s'y
trompe pas, et naturellement il s'adresse à
celle dont la main est légère, le cœur compa-
tissant et la parole attendrie. Il ne suffit pas
de rouler une bande autour d'un bras brisé,
d'enlever une esquille apparue aux bords de
la plaie, de donner l'injection sous-cutanée
de morphine qui apaise la souffrance exas-
pérée ; il faut parler au patient, relever son
âme défaillante, l'endormir dans ses illusions,
comme l'on fait pour un enfant malade, rappeler l'espérance qui s'envole, affirmer la guérison et laisser entrevoir les récompenses dues
à l'héroïsme ; en un mot, il faut remonter le
moral : à cela les femmes excellent ; elles y
mettent leur grâce, leur finesse ; elles n'ignorent pas que le mensonge, ou tout au moins

l'interprétation complaisante de la vérité, est souvent le meilleur auxiliaire de la thérapeutique, et jamais elles n'hésitent à y recourir.

Lorsque l'infirmier dit : « Qu'est-ce que tu veux, mon garçon, c'est la chance ; tu auras beau te désoler, ça ne te raccommodera pas ; » la femme se penche vers le malheureux, elle essuie son front trempé des sueurs de l'angoisse, elle lui parle si doucement, si harmonieusement, que l'on dirait qu'elle le berce ; elle promet d'écrire à la mère qui est au village ; elle le plaint, elle suscite l'effort de vivre, même chez le plus découragé. Le pauvre homme ne la quitte point des yeux, et en la voyant sourire, il se ressaisit, se calme, et, ne retient plus le flot des larmes qui gonflaient son cœur. Celui qui s'irrite contre l'infirmier, se révolte et l'injurie, obéit avec soumission au plus léger bruissement des lèvres de l'infirmière. Chrysi écrivait à son mari, Marco Botzaris, cette phrase emphatique, mais vraie : « Les femmes sont des génies mystérieux qui versent un baume salutaire sur le cœur ulcéré des guerriers. »

Elles furent à l'œuvre dans toutes les ambulances que créa la Société de secours ; leur zèle fut tenace et les tint debout pendant ces longs mois de guerre que le froid et la famine rendirent implacables à Paris. Que devenait la province ? On ne le savait plus ; dès le 17 septembre, la ville était entourée d'une muraille de fer qui ne s'ouvrit qu'aux premiers jours du mois de février, après la conclusion de l'armistice. Heureusement les ambulances de campagne expédiées par la Société avaient pu prendre route avant l'investissement et arriver à proximité des champs de bataille. Elles étaient à Sedan, elles étaient sous Metz, et le service sanitaire de nos armées, qui au début de la campagne les avait accueillies avec un air protecteur, fut trop heureux de recevoir leur aide et de se décharger sur elles d'une partie des travaux qui l'accablaient.

La convention de Genève est internationale ; on ne l'oublia pas hors de France, et parmi

les ambulances, rapidement formées, qui vinrent nous apporter leur concours dès la fin du
mois d'août, il convient de citer celles qui
furent organisées par les Sociétés de Belgique,
de Suisse, d'Amérique, d'Angleterre, de Turin,
de Néerlande. Cela fut d'un exemple excellent, et il est à désirer que partout où les
peuples entreront en lutte, on voie apparaître
les délégués des nations qui ont adhéré à
la Croix rouge.

Il est également nécessaire que toute initiative individuelle se rattache par un lien hiérarchique à la Société de secours, afin d'éviter les inconvénients qui peuvent la menacer
et qui ont atteint l'ambulance dont la presse
avait payé les frais. Celle-ci fit une expérience
qui doit servir de leçon. Partie après nos premières défaites, elle tomba au milieu d'un
corps prussien qui, lisant sur l'étendard :
« Ambulance de la Presse, » crut qu'elle était
en dehors de la convention de Genève,
feignit d'en prendre le personnel pour un
groupe de journalistes en tournée de propa-

gande démocratique, et la retint prisonnière.

On se débattit, et je ne sais quel eût été le
résultat de la discussion, si le roi de Prusse
n'était venu à passer. Il ne permit pas à l'ambulance de se rendre à Metz, qui était son point
de destination, mais il l'autorisa à rentrer en
France par l'Allemagne et la Belgique. L'ambulance suivit l'itinéraire indiqué et put arriver à Sedan la veille même du désastre. Ces
désagréments, pour ne dire plus, auraient été
épargnés à cette ambulance, si, se résignant
à ne pas faire montre de sa personnalité, elle
s'était simplement rangée sous la bannière
uniforme et respectée de la Société de secours
aux blessés.

Séparée de son chef-lieu, qui était Paris,
sans communication possible avec le conseil
central, la Société fit de son mieux en province. Elle installa des ambulances dans les
gares, des hôpitaux dans des collèges, dans des
couvents, dans des fabriques, et malgré une
organisation rendue défectueuse par les tâton-
nements inséparables d'un début, les néces-

sités foudroyantes, la persistance de la mauvaise fortune, elle fut singulièrement utile à une prodigieuse quantité de soldats, de mobiles désorientés, d'officiers blessés qui lui doivent la vie.

Des abus se produisirent que l'on ne put éviter. Si l'on se rappelle cette époque lamentable où régnait l'anarchie, on conviendra qu'il n'en pouvait être autrement : gouvernement à Paris, gouvernement à Tours, puis à Bordeaux; proconsulat dans chaque département, sinon dans chaque arrondissement; partout incohérence, sous prétexte d'énergie révolutionnaire; qui interroger? à qui obéir? on ne savait; nul ordre qui ne fût annulé ou modifié par un contre-ordre; lutte permanente entre l'élément civil et l'élément militaire, calomnies contre les vaincus, défiance envers les adversaires politiques; de tous côtés on croyait apercevoir des espions; l'on se figurait, en outre, que les proclamations valent des armées et que la rhétorique remplace la stratégie. Au milieu de ce désarroi où les autorités détruisaient l'autorité, la Croix rouge, l'emblème sacré de la commisération, prodiguée à tort et à travers, devint la sauvegarde, moins de ceux qui voulaient secourir les blessés que de ceux qui cherchaient à se soustraire au combat.

Le signe protecteur qui aurait dû n'être donné, à bon escient, que par les directeurs de comité, fut distribué selon la fantaisie des préfets, des sous-préfets et des maires; pour beaucoup d'hommes jeunes et vigoureux, le brassard de l'infirmier tint lieu de l'arme du soldat. Dès que les approches de l'ennemi étaient redoutées, l'étendard de la convention de Genève était déployé sur les châteaux, sur les maisons de campagne. On l'arborait sans autorisation, et l'on s'attribuait des immunités qui eussent pu devenir un péril pour la défense. De tels abus sont inhérents aux choses humaines; l'unité et la fermeté de la direction peuvent seules y mettre un terme; or, cette direction, le conseil central était dans l'impossibilité matérielle de l'exercer; aussi nulle responsabilité ne peut lui incomber.

Le personnel ne fut pas irréprochable; mais on avait été saisi et emporté par les événements avec une telle rapidité, que l'on avait dû se recruter à la hâte, presque au hasard, pour faire face à des obligations que l'urgence rendait implacables. Si des infirmiers, accueillis sans discernement, parce que l'on n'avait pas eu le loisir de soumettre leur passé à une enquête, ont apporté dans les ambulances des habitudes d'ivrognerie, d'indiscipline et de paresse, combien, en revanche, imitant les frères de la Doctrine chrétienne, ont fait acte de présence sur les champs de bataille et n'ont point ménagé leur dévoûment. Les défauts que l'on peut, si l'on est sévère, reprocher au personnel inférieur de la Société de secours, ne sont que le résultat de la précipitation avec laquelle on fut condamné à agir. Dans ces circonstances détestables, on a fait ce que l'on a pu et plus même que l'on n'aurait cru pouvoir faire.

Parmi les nations qui nous vinrent en aide,

il en est deux qui se distinguèrent entre toutes :
l'Angleterre, qui se souvint de la confrater-
nité d'armes de Sébastopol et qui fut partout
où l'on eut besoin d'elle ; à la porte des villes
que la famine réduisait à capituler, elle accu-
mula des vivres, des vêtements, et poussa le
souci de la bienfaisance jusqu'à envoyer des
semences à nos cultivateurs dont la guerre
avait ravagé les champs, épuisé les réserves et
vidé les greniers. La Suisse nous fut hospitalière sans mesure ; on peut dire que les can-
tons de Genève, de Vaud et de Neuchâtel y
devinrent des ambulances où furent accueillis, soignés, choyés les débris de l'armée de
l'Est, qu'une négligence ou une préoccupation
coupable avait laissés en dehors de l'armistice.
Ce fut une invasion : 90,000 hommes, presque
sans souliers, vêtus de toile par dix-huit degrés
de froid, épuisés, affamés, 14,000 chevaux
qui pour nourriture n'avaient plus que l'é-
corce des arbres, descendirent pêle-mêle vers
cette bonne terre de refuge par les routes des
Verrières, des Fourgs et des Rousses.

Le marquis de Villeneuve-Bargemont, chef d'une de nos ambulances improvisées, pourrait raconter les misères de cette campagne désespérée et dire les secours de toute sorte que la Suisse offrit à nos soldats, qui, trop jeunes pour la plupart, levés en hâte, sans instruction militaire, sans force de résistance contre les rigueurs de l'hiver, contre les marches forcées, contre la faim, tombaient au long des routes, parce qu'ils n'avaient plus la force de vivre. La Confédération helvétique a été admirable ; elle fut en quelque sorte une sœur de charité, qui prodigua à nos compatriotes des soins dont la France doit garder une inaltérable gratitude.

Si dans quelques-unes de nos provinces, malgré l'effort des habitants, malgré les secours étrangers, l'œuvre de salut ne put lutter avec avantage contre l'œuvre de destruction, c'est parce que celle-ci fut horrible. Des chiffres le démontreront : 138,871 soldats, dont 11,914 disparus considérés comme décédés, sont morts à l'ennemi, des suites de bles-

sures ou de maladies ; le nombre des blessés,
143,066, a, comme toujours en temps de
guerre, été bien moins considérable que celui
des malades, qui s'est élevé à 339,421. Les
causes qui ont produit tant de maladies sont
sinistres à rappeler ; les rapports officiels ne
les laissent point ignorer : chaussures défec-
tueuses, vêtements insuffisants[1]. Passons ;

1. Voir : *Aperçu historique, statistique et clinique
sur les services des ambulances et des hôpitaux de la
Société française de secours aux blessés des armées de
terre et de mer pendant la guerre de 1870-1871*, 2 vol.
in-4"; t. Ier, introduction, xxv. — A ce sujet, un journal
allemand, dont j'ai négligé de noter le titre et la date, dit :
« Les chiffres donnés par le docteur Chenu sur les pertes
éprouvées par la France dans la campagne de 1870-1871
ont excité ici d'autant plus d'intérêt que le gouvernement
français n'a encore publié aucun chiffre. On suppose que
les renseignements du docteur Chenu ont été puisés à des
sources officielles. En comparant les chiffres français à
ceux donnés pour l'Allemagne, nous trouvons que la
France a eu 139,000 morts et 143,000 blessés, contre
44,000 morts et 127,000 blessés portés sur les listes officielles de l'Allemagne. En ajoutant à ces nombres les
20,000 hommes morts dans Paris et Strasbourg assiégés
et les 17,000 prisonniers qui ont succombé en Allemagne
à leurs blessures, la perte totale de la France serait donc
de plus de 176,000 morts. » Le calcul du journaliste alle-

nous ne faisons pas le procès à ces fournisseurs, qui profitaient de l'absence forcée de
contrôle pour imposer à nos soldats du drap
spongieux et des souliers en papier mâché ; ils
ont pu faire fortune, mais ils ne doivent pas
ignorer qu'ils ont été plus meurtriers pour
nos troupes que les armes de l'ennemi.

Les mobiles, les recrues que l'on poussait
à la guerre ont souffert le martyre et ne se
sont point récusés. Je ne sais s'ils ont été des
marcheurs infatigables et d'habiles combattants : on ne leur avait rien enseigné et ils n'a-
vaient eu le temps de rien apprendre ; on les
assemblait, on les armait avec des fusils de
calibres et de mécanismes différents, on leur
mettait sur le dos un havresac ; puis : en avant !
marche ! et on les menait au feu ; ils y allaient
et y tombaient. A l'un de ces enfants qui,
pendant un combat, restait immobile et oisif,

mand est erroné, car le docteur Chenu compte : morts
en captivité en Allemagne, 17,240 ; pendant l'internement
en Suisse, 1,701 ; pendant l'internement en Belgique, 124 ;
les morts par faits de guerre à Strasbourg et à Paris
figurent également dans le total de 138,871.

sans baisser la tête sous les paquets de mitraille, un capitaine dit : « Pourquoi ne fais-tu
pas feu? est-ce que tu n'as plus de cartouches? »
Le conscrit répondit : « Je ne sais pas comment on charge un fusil. » Et ils étaient plus
d'un qui pouvaient en dire autant.

Combien sont morts; obscurs et inconnus
sur le grabat des ambulances! combien se sont
affaissés le long des routes et ne se sont point
relevés! combien se sont couchés au pied d'un
arbre, vaincus par leur faiblesse, par leur
épuisement, voulant marcher encore, ne le
pouvant plus, et ne se sont jamais révoltés! Ils
se sont donnés à la France et sont morts pour
elle, sans être utiles à son salut, sans action
d'éclat, mais lui offrant d'un cœur filial jusqu'à la dernière pulsation de leur énergie.
Dormez en paix, pauvres petits : si l'holocauste a été stérile, votre dévoûment n'en est
pas moins sacré!

Partout où nos armées ont séjourné, la mortalité fut énorme; mais elle eût été bien plus
vorace encore, si les dix délégations provin-

ciales créées par le conseil central de Paris,
au moment où l'Allemagne précipitait sa
marche en avant, n'avaient pu donner à la
province l'impulsion qui mit en activité toutes
les forces secourables de la France. Dans plusieurs départements, des sociétés locales ou
particulières s'étaient créées, qui fonction-
naient sans esprit d'ensemble et un peu au
hasard de leur inspiration. Il en résulta des
désordres que Gambetta essaya de faire cesser
en lançant de Bordeaux, le 31 décembre 1870,
un décret qui soumettait hiérarchiquement
toutes les sociétés libres à la Société mère de
secours aux blessés. Cette mesure était irréprochable ; elle déterminait l'unité de direction, et devra être appliquée de nouveau si la
guerre mettait encore debout notre pays tout
entier : *Di omen avertant!*

Non seulement on donna des secours maté-
riels aux victimes de la guerre, — malades et
blessés, — mais on se mit en mesure, autant
que les circonstances le permettaient, de leur
apporter ce secours moral qui rattache les

affections les unes aux autres en calmant les
inquiétudes de ceux qui s'aiment et qui sont
séparés. Imitant Vienne, qui, pendant la
guerre de 1866, avait institué un bureau de
renseignements, la Société de secours en organisa un dès le milieu du mois d'août 1870;
on y centralisa tout document relatif aux blessés, aux malades, aux prisonniers, aux soldats
tués sur les champs de bataille ou décédés
dans les hôpitaux.

Le fonctionnement de ce bureau, installé au
Palais de l'Industrie, fut promptement limité
à l'enceinte même de la ville et à la zone
étroite qui s'étendait jusqu'aux armées d'investissement. Paris fut réduit à ne plus s'oc-
cuper que de Paris; mais les délégations régionales fonctionnant à Lille, à Rennes, à
Nantes, à Bordeaux, à Montpellier, à Marseille, à Lyon, à Nevers, à Bourges, à Tours,
c'est-à-dire dans toute la France que l'invasion ne foulait pas aux pieds, se mirent en
rapport avec les comités internationaux de
Bruxelles et de Bâle, de façon à entrer en

communications secourables avec nos soldats
prisonniers au delà du Rhin.

On put de la sorte entretenir avec ces malheureux une correspondance sur des cartes
postales que fournissait l'Allemagne et que la
poste française transportait gratuitement. On
ne se contenta pas d'un échange de lettres,
l'on expédia de l'argent et des vêtements. La
Société de secours poussa la régularité jusqu'à
restituer aux familles des captifs les diverses
sommes, montant à 6,000 francs, qui, égarées
au milieu de la confusion générale, n'étaient
point parvenues à destination. Les notes re-
cueillies dans les lazarets d'Allemagne, dans
les hôpitaux et dans les ambulances de France,
collationnées et mises en ordre, ont permis au
docteur Chenu d'écrire les deux volumes que
j'ai cités.

A Paris, pendant la période d'investissement, la Société de secours fut sans trève à la
peine. En dehors des baraquements qu'elle
avait fait construire au Cours-la-Reine, de ses
ambulances fixes du Palais de l'Industrie, du

Corps législatif, du palais des Tuileries, des ambulances de passage de la gare de l'Est et de la gare du Nord, elle s'affilia trois cent cinquante ambulances privées, qu'elle soutint de ses subventions et que visitaient ses médecins. Son devoir était non pas seulement d'accueillir et de soigner les blessés, mais d'aller les chercher sur le champ de bataille, de les découvrir dans les replis de terrain où ils s'étaient traînés, et de les rapporter en lieu sûr. Dans l'accomplissement de cette tâche, qui n'était point sans péril, elle fut énergique et assidue.

Elle avait organisé douze ambulances volantes, composées de douze cent cinquante voitures et desservies par un personnel sanitaire auquel les aumôniers ne manquaient pas. Le père Allard, que la Commune fusilla dans le chemin de ronde de la Grande-Roquette, en compagnie de l'archevêque de Paris et du président Bonjean, fut un des prêtres dévoués qui allaient ramasser les blessés ou leur donner les consolations suprêmes. Ces ambulances

mobiles, accompagnées d'un corps de brancardiers, ont arraché bien des malheureux à
la mort.

Au jour du combat, les voitures se rappro-
chaient le plus possible du lieu de la lutte ;
l'une d'elles restait stationnaire, et son étendard blanc, portant la croix de gueules en
abîme, servait de signe de ralliement aux
autres, qui se dirigeaient sur les points où la
violence du feu entassait les blessés. Le triste
cortège rentrait dans Paris, certain qu'il n'avait
oublié personne et que nul de nos soldats ne
serait obligé d'attendre quatre jours, comme à
Solferino, pour être relevé.

En outre de ce service exceptionnel, réservé
pour les jours de bataille, deux voitures par-
taient chaque matin, visitaient les forts et y re-
cueillaient les blessés de la veille. On peut affirmer qu'à Paris la Société de secours fut l'âme
même de la défense contre la mort qu'appor-
taient les combats et que multipliaient la variole,
la fièvre, la température, la misère, la faim,
qui furent plus inclémentes que l'ennemi.

CHAPITRE V

LES TOMBES DE LA CAPTIVITÉ

L'armistice. — Nul repos. — Après la guerre, la Commune. —
Le comité de la Société de secours reste à son poste après la
journée du 18 mars 1871. — Le comité est obligé de se dis-
soudre. — Toute autorité est déléguée au comte de Beaufort.
— L'homme de bien par excellence. — Le docteur Chenu. —
Arrêté, relaxé. — Le comte de Beaufort et le délégué de la
Commune. — La suspension d'armes du 25 avril. — Prêt de
40,000 francs à la caisse des hôpitaux militaires. — La cartou-
cherie Rapp. — L'entrée des troupes françaises dans Paris
— Évacuation de la grande ambulance du Cours-la-Reine. —
Le docteur Chenu, les femmes. — Cinq infirmiers blessés. —
La délivrance. — Les ambulances suburbaines. — L'ambulance
de la Grande-Gerbe à Saint-Cloud. — Le conseil réuni à Paris
le 5 juin 1871. — Prisonniers blessés restés en Allemagne. —
Voyage d'enquête. — Toute facilité accordée par les autorités
allemandes. — La Société rapatrie près de neuf mille blessés.
— Elle reconduit en province le même nombre de soldats
blessés à Paris pendant la période d'investissement. — On
pense aux morts. — Commission nommée. — Comité de Cette,
comité de Paris. — Souscriptions particulières, souscription
publique. — Le révérend père Joseph chargé de l'œuvre des
Tombes. — Sa mission en Allemagne. — Empressement à lui
venir en aide. — Courtoisie allemande. — Justice rendue à
nos soldats et à l'esprit généreux de la France. — Exemples

de dévoûment en Allemagne pour nos soldats prisonniers. —
Les 17,240 Français morts en captivité ont des tombeaux sur
la terre d'Allemagne. — Le culte des morts devrait rapprocher
les vivants. — Service funèbre à Notre-Dame en l'honneur
des soldats français morts pendant la guerre. — La Société de
secours aux blessés est solennellement remerciée.

Le dernier coup de canon échangé à minuit,
le 26 janvier 1871, entre nos remparts et les
batteries allemandes, ne mit pas fin au rôle
de la Société de secours ; mais son œuvre
immédiate, pour la campagne de 1870-1871,
était terminée. L'effort avait répondu aux
nécessités, et l'improvisation avait été presque
aussi rapide que les événements ; à force
d'énergie et de dévoûment, l'on avait réparé
les fautes de notre insouciance, et l'on s'était
montré à la hauteur de l'infortune qui nous
étreignait. On pouvait croire qu'à la fin de la
guerre les grands périls étaient conjurés, et
qu'après une continuité d'action si pénible on
allait entrer dans une période de calme relatif ;
on avait compté sans l'envie, l'alcoolisme, la
haine et le dédain de la patrie.

La France agonisait, écrasée pour avoir

poussé le sentiment du devoir aux limites
extrêmes ; il se rencontra des scélérats qui
trouvèrent l'occasion propice pour la mettre à
mort. On sait ce que fut la Commune, qui
débuta sur les buttes Montmartre par l'assas-
sinat de deux généraux, et se termina par
l'incendie de Paris éclairant l'égorgement
des prêtres, des magistrats et des gendarmes.
Pendant cette orgie de bêtise, de meurtre et de
pétrole, la Société de secours n'abandonna
point son poste d'élection. Dans ses ambulances, restées fidèles aux principes de la Croix
rouge, elle reçut, elle soigna les soldats de la
barbarie et ceux de la civilisation, semblable
à une créature d'élite dont l'intelligence compatissante plane au-dessus des misères humaines. Mal lui en advint, elle y faillit périr.

Tout alla sans trop de difficultés pendant
les premières semaines qui suivirent la journée du 18 mars ; mais, dès le commencement
d'avril, la Société sentit qu'elle n'était plus
en sécurité ; on dénonçait son attitude, on lui
reprochait d'avoir des sœurs de charité pour

infirmières, et on l'accusait d'être « versail-
laise », ce qui était la grosse injure du
moment. La Société feignit de ne s'en point
préoccuper, et le conseil continuait à siéger,
sous la présidence du comte de Flavigny, qui,
depuis la déclaration de guerre à l'Allemagne,
était resté en permanence à son poste, et que
nulle fatigue n'avait lassé.

Les rumeurs de mauvais augure dont la
presse communarde se faisait l'écho n'avaient
découragé personne, et les ambulances fonc-
tionnaient comme par le passé, lorsque, le
14 avril, le délégué à la guerre civile lâcha
un décret qui prononçait la dissolution de la
Société et mettait le séquestre sur ses magasins.
Le coup était rude, mais il ne fut point mortel.
Le conseil se sépara ; le comte de Flavigny,
président, le comte Serurier, vice-président,
se retirèrent et transmirent toute autorité au
secrétaire général, qui était et qui est encore
le comte de Jay de Beaufort.

Nul choix meilleur ne pouvait être fait, car
il tombait sur un homme de bien, sur

l'homme de bien par excellence, que nulle responsabilité n'effraye, et dont l'esprit est toujours en alerte pour le soulagement des malheureux. On le sait chez les aveugles, qu'il a dotés d'une nouvelle méthode d'écriture nocturne lisible pour les voyants; on le sait chez les ouvriers estropiés, auxquels il distribue des membres artificiels ingénieusement inventés par lui. En l'absence du président du conseil, c'est lui qui restait le dictateur de la Société de secours aux blessés; il fut habile, il fut énergique, et si l'étendard de la Croix rouge ne fut point abattu pendant ces heures exécrables, c'est à lui, c'est à sa fermeté qu'on le doit.

Il eut pour collaborateur et pour allié vigoureux, en cette œuvre de salut, — on peut même dire : de sauvetage, — le directeur général des ambulances, le docteur Chenu, vieux praticien du service sanitaire des armées, bourru, autoritaire, très bonhomme au demeurant, et, comme l'on dit, n'ayant pas froid aux yeux. Il le prouva. Le jour même où la Commune mit sa patte sur la Société, le docteur Chenu reçut ordre d'avoir à livrer deux cent quarante soldats malades ou blessés qui occupaient les baraquements de la grande ambulance du Cours-la-Reine. Il refusa, fut arrêté et incarcéré.

On fut obligé de le relâcher immédiatement, afin d'éviter l'insurrection des malades, qui ne parlaient de rien de moins que d'aller « chambarder l'hôtel de ville ». Or la Commune se sentait si peu sûre d'elle-même, elle comprenait si bien qu'elle n'était et ne pouvait être qu'une mésaventure de notre histoire, qu'elle recula et rendit le docteur Chenu à ses blessés.

Le comte de Beaufort fut très net avec le délégué que la Commune lui imposa et qui, si je ne me trompe, prenait le titre de chirurgien de la république universelle. Il signifia que, s'il consentait à subir un contrôle, il se refusait absolument à abandonner une part quelconque de son autorité, c'est-à-dire de la direction dont le conseil lui avait légué la

charge. Il déclara en outre que, si ces conditions n'étaient point respectées, il fermerait
immédiatement ses ambulances.

Le délégué se le tint pour dit, se contenta
d'être le directeur des ambulances volantes et
ne fit que quelques réquisitions de vivres;
mais, ayant mis en arrestation un employé
qui avait refusé de lui délivrer quatre bouteilles de vin, il fut révoqué et s'en vengea en
publiant un pamphlet contre « la bande Flavigny, Beaufort et Chenu ». Il n'en fut que
cela; à cette époque, l'insulte était le pain
quotidien offert aux honnêtes gens. Celui qui
le remplaça, comprenant que le comte de
Beaufort était sur le point de licencier la
Société, dont les services étaient fort appréciés
par les fédérés blessés, accepta de n'exercer
qu'un contrôle purement nominal : c'est ce
qu'il avait de mieux à faire.

Le 25 avril, pendant une suspension
d'armes accordée par les chefs de l'armée
française, les voitures de la Société allèrent
à Neuilly chercher les malades, les vieillards,

qui, depuis quinze jours réfugiés dans les caves, mouraient sans secours et sans pain. J'ai assisté à cette évacuation, et ce n'est pas sans émotion que j'ai vu quatre-vingts fillettes incurables, impotentes, se traînant à l'aide de béquilles, portées par les sœurs de charité, appartenant à la *Maison des jeunes infirmes*, se rendre au Palais de l'Industrie, où elles purent apaiser leur faim avant d'être dirigées sur un couvent de la rue Reuilly qui leur avait offert asile.

Non seulement la Société sauvait ceux qu'elle parvenait à recueillir, mais elle vint en aide à la caisse vide des hôpitaux militaires, lui prêta 40,000 francs, et lui démontra de la sorte que parfois les associations particulières peuvent être utiles aux administrations de l'État. Il n'est pas jusqu'à la Commune qui ne sentît le bienfait de la convention de Genève, car elle y adhéra officiellement le 13 mai. C'était une bonne fortune pour le comte de Beaufort, qui tout de suite en profita pour réclamer le droit d'envoyer du linge, des vêtements, du matériel aux ambulances de Saint-Denis.

Un événement terrible, dû à l'imprudence, et que la Commune attribua naturellement aux menées versaillaises, épouvanta Paris. La cartoucherie Rapp sauta le 17 mai, au lendemain du jour où la colonne de la Grande Armée, renversée par la révolte, semblait offerte en hommage aux Allemands campés sous nos murs. Là encore ce furent les voitures de la Société qui arrivèrent les premières pour ramasser et transporter à la grande ambulance du Cours-la-Reine deux cents personnes blessées par l'explosion.

Le dénoûment approchait, si ardemment attendu, si lent à se produire. Le dimanche 21 mai, alors que sir Richard Wallace rendait visite au comte de Beaufort et approuvait l'attitude de la Société pendant ces jours néfastes, le commandant Trèves, guidé par Ducatel, franchissait les remparts démantelés et guidait les premières troupes qui pénétrèrent dans Paris. Alors commença cette longue bataille qui devait accumuler tant de ruines. Les baraquements du Cours-la-Reine étaient pris entre deux feux : duel d'artillerie entre le Trocadéro, occupé par une division du corps d'armée du général Douai, et la terrasse des Tuileries, appuyée sur la barricade qui oblitérait l'entrée de la rue Rivoli. Les obus ne respectaient point la Croix rouge, la position n'était plus tenable, il fallait évacuer les blessés et les transférer dans le Palais de l'Industrie, dont les fortes murailles pouvaient les protéger contre les projectiles.

Ce fut le docteur Chenu qui présida au sauvetage. Faisant réunir les voitures, en garnissant les parois à l'aide de matelas, il les disposa de façon à former une rue entre l'ambulance et le Palais ; c'est par là que l'on passa malgré la fusillade qui se rapprochait : cinq cent quarante-huit blessés furent enlevés ; les infirmiers s'y dévouèrent et les infirmières aussi, femmes du monde qui n'avaient point déserté le poste que leur grand cœur avait sollicité et qui furent surhumaines en remplissant leur devoir d'humanité[1].

Elles y eurent du mérite ; le transbordement ne fut point sans péril ; cinq infirmiers furent atteints par les obus, dont deux si gravement qu'une amputation immédiate fut nécessaire. Au soir de cette journée, le 26e bataillon de chasseurs à pied, commandé par le marquis de Sigoyer, était maître du Palais de l'Industrie ; la Société de secours aux blessés était enfin au pouvoir de l'armée de la France.

Pendant que le comte de Beaufort et le docteur Chenu se multipliaient à Paris, les membres du conseil retirés à Versailles ne restaient pas oisifs. Entrés en relation avec le comité

1. Quelques dames ayant demandé si elles devaient continuer leurs services pendant la Commune, le comte de Beaufort répondit à Mmes Carré de Chauffour, de Sédaiges et Dehorter : « Vous m'avez fait l'honneur de me demander si vous devez continuer à être dames infirmières. Rester à votre poste, c'est prouver que votre charité domine votre amour-propre et méprise le danger, s'inspirant de l'amour divin. Permettez-moi d'ajouter que votre présence ici honore celui qui s'estime heureux de représenter, dans ces temps difficiles, le conseil absent. »

de Seine-et-Oise, ils avaient organisé vingt et une ambulances sur la rive gauche de la Seine, de la Bièvre à Viroflay, et sur tous les points où l'on pouvait porter secours aux troupes qui assiégeaient Paris.

En outre, on fit construire à la Grande-Gerbe, dans le parc réservé de Saint-Cloud, une ambulance modèle où l'on put admettre un grand nombre de blessés qui, placés dans des conditions d'aération favorables, guérirent avec une promptitude extraordinaire. Les services rendus par la Société française de secours aux blessés des armées de terre et de mer furent appréciés en haut lieu; les lettres de M. Thiers, du général de Cissey au comte de Flavigny, celle du maréchal de Mac-Mahon au docteur Chenu, en font foi et sont des titres de noblesse dont on peut être fier.

Le 5 juin, tous les membres du conseil, enfin réunis, purent tenir séance dans Paris délivré; la besogne ne chôma pas, car de nouveaux soucis leur incombèrent que rechercha leur amour du bien. Parmi les prisonniers

qu'avait détenus l'Allemagne à la suite de
tant de rencontres malheureuses pour nos
armes, beaucoup n'étaient point encore guéris
de leurs blessures et ne pouvaient, sans danger
pour eux-mêmes, être mêlés à leurs camarades valides que les trains de chemins de fer
avaient reconduits en frontière de France. La
Société sollicita et reçut la mission de ramener
dans la mère patrie ceux qui avaient offert
leur vie pour elle sans parvenir à la sauver.

Les délégués de la Société firent d'abord une
sorte de voyage d'enquête : ils parcoururent
les villes, les forteresses où les Français avaient
été internés, et ils y constatèrent la présence
de 8,768 blessés et malades. En cette circonstance, l'Allemagne fut très courtoise ; les médecins, les aumôniers, les mandataires de la
Société, les infirmiers munis de vêtements,
de chaussures, de médicaments, trouvèrent
partout, dans les régions occupées comme
dans les pays de terre germanique, toute facilité pour accomplir leur devoir.

L'évacuation fut lente, il ne pouvait en être

autrement; la plupart des administrations de chemins de fer n'avaient point encore repris leurs services réguliers, beaucoup de trains étaient réquisitionnés pour le retour des troupes allemandes, les villes où gisaient nos blessés étaient éloignées les unes des autres : aussi ce ne fut que le 16 août 1871 que le dernier train convoyé par la Société de secours, composé de vingt-cinq wagons-lits à douze places, d'un wagon-pharmacie, de deux wagons-cuisine et de trois wagons-magasin, entra dans la gare de Lille.

Pendant qu'elle ramenait au pays les blessés restés en Allemagne, elle avait reconduit sur tous les points de la France ceux qu'elle gardait à Paris au moment de la signature de l'armistice et qui s'élevaient au chiffre de 8,274.

Ainsi l'on avait ramassé les blessés sur les champs de bataille de la guerre étrangère et de la guerre civile, on les avait soignés dans les ambulances et dans les hôpitaux ; ceux qui restaient encore dans les lazarets d'Allemagne avaient été rapatriés ; on avait fait tout son

devoir, et cependant notre Société de secours,
— notre Croix rouge, — s'imposa une nouvelle tâche ; elle pensa aux morts.

> Ceux qui pieusement sont morts pour la patrie
> Ont droit qu'à leur cercueil la foule vienne et prie.

Elle s'en souvint et regarda du côté des pays
de captivité où tant de nos compatriotes dor-
maient pour toujours. Elle voulut honorer
leur mémoire et leur donner un tombeau.
Elle nomma une commission, vota une somme
de 50,000 francs et se mit en rapport à cet
égard avec le ministre de la guerre, qui offrit
spontanément de concourir, pour une somme
égale, à cet acte sacré.

La Société était sur le point d'entamer des
négociations avec le gouvernement allemand,
lorsqu'elle apprit que deux comités, déjà organisés dans une intention analogue, fonction-
naient, l'un à Cette, sous la présidence de
M. de Saint-Pierre, l'autre à Paris sous la
direction énergique du révérend père Joseph,
aumônier militaire. L'appel fait à la généro-

sité publique par ces hommes de bien n'avait trouvé qu'un faible écho dans la population épuisée par les sacrifices, ruinée par la guerre et fléchissant sous le poids des impôts que nécessitait l'indemnité stipulée par le traité de Francfort.

La souscription ouverte dans les journaux ne recueillit qu'une somme insuffisante : 15,494 fr. 25. En y ajoutant les collectes faites par des groupes militaires, par M. Wurtz pour Leipzig, par M. Dupetit-Thouars pour Rastatt, par les Strasbourgeois pour Lechfeld, on arrivait à un total de 25,319 francs, qui n'était point en rapport avec les exigences de l'œuvre entreprise. On fusionna, comme dit le langage des compagnies industrielles.

La Société de secours s'entendit avec les deux comités et promit son assistance pécuniaire, le gouvernement en fit autant, et le révérend père Joseph resta chargé de la mission patriotique et religieuse, à laquelle il se consacra avec un dévoûment exemplaire. Il partit pour l'Allemagne, où il trouva, près des autorités, près des particuliers, un empressement auquel il a rendu justice. Parfois même il a rencontré plus que du bon vouloir, et il put recueillir des témoignages spontanés de sympathie que l'on ne ménageait pas aux efforts que la France faisait afin d'honorer la mémoire de ses enfants tombés pour l'amour d'elle.

Le curé Plank, de Freising, en Bavière, lui écrivait : « J'éprouve une joie extrême du soin que vous prenez pour la mémoire de vos morts ; j'admire l'intarissable générosité de votre pays qui a tant fait pour ses soldats, qu'aucun, parmi les internés de ma paroisse, n'a été dans le besoin. Je crois qu'il n'y a pas au monde une nation qui donne l'exemple de pareils sacrifices. Dieu le rendra à la France en lui restituant son ancienne renommée. »

Mgr l'évêque Namzanowski, prévôt général des armées allemandes, lui disait : « La France est toujours elle-même ; vous faites là une œuvre digne de toute admiration. Pour faire de telles choses, il faut croire à Dieu et à l'immortalité de l'âme : un peuple qui garde ses convictions ne saurait périr. » Aveu précieux à relever et arraché par l'évidence même à ceux qui, la veille encore, étaient nos ennemis. Dans plus d'un endroit, le révérend père Joseph eut à constater le dévoûment dont nos pauvres soldats prisonniers avaient été l'objet. Parmi les faits qu'il cite, je n'en retiendrai qu'un seul.

Mille hommes de l'armée que les troupes allemandes tenaient bloquée autour de Metz avaient, après la capitulation du 27 octobre, été internés à Schneidemuhl. L'hiver est dur et précoce dans le duché de Posen, et nos soldats eurent à en souffrir; « malgré leur effrayant épuisement, suite naturelle de ce douloureux siège, malgré l'épidémie de la variole, malgré les rigueurs excessives de l'hiver du Nord et la pénurie des vêtements, trois hommes seulement ont succombé. L'honneur et le mérite de ce résultat, tout à fait extraordinaire, sont dus entièrement aux soins du docteur Schirmer, à sa bonté, à sa charité pour sauver ces malheureux. Il a eu à soigner jusqu'à cinq cents malades à la fois ; jour et nuit son dévoûment ne s'est pas démenti. La France et les familles lui doivent la vie de plusieurs centaines de soldats. »

Aux ambulances de Metz et de Vendôme, les Allemands blessés et prisonniers pleuraient de reconnaissance en baisant les mains de Mme Coralie Cahen, notre compatriote, qui, s'étant improvisée infirmière, s'efforçait de leur faire oublier leurs souffrances et la patrie absente. Je regrette que, chez les deux nations rivales, on n'ait pas recueilli tant de faits de compassion, de piété humaine qui sont restés inconnus et qui seraient la meilleure des prédications en faveur de la concorde. Hélas! il faut faire trêve aux rêveries, car l'aurore de la paix universelle ne semble pas près de se lever à l'horizon.

Le révérend père Joseph n'eut point à faire un voyage d'exploration préalable; tout renseignement lui fut fourni de Berlin par le ministre de la guerre, qui adressa des instructions aux autorités locales. Les prisonniers français ont littéralement encombré l'Allemagne; on les avait disséminés dans deux cent quarante-quatre villes, dont trente-huit n'eurent point de décès à constater; dans quarante-huit, les officiers et les soldats, récoltant des souscriptions au cours de leur captivité, firent élever un monument commémoratif en l'honneur de ceux d'entre eux qui avaient succombé.

Le révérend père Joseph a constaté que nos soldats morts en Allemagne avaient été inhumés dans un terrain particulier, pris sur le cimetière commun; que dans les villes possédant un cimetière de garnison on leur y avait réservé un emplacement spécial; enfin que dans les camps où les prisonniers avaient été internés, comme à Jüterbock, à Colberg, etc., on les avait enterrés en rase campagne. Il a remarqué, en outre, que dans beaucoup de cimetières les tombes « des Français » étaient convenablement entretenues, et qu'au 2 novembre, jour des

Trépassés, elles étaient ornées de feuillage.

A Parchim, en Mecklembourg, une veuve s'était chargée de pourvoir au bon état des sépultures de nos compatriotes, en reconnaissance des soins qu'un prêtre français prenait du tombeau de son fils tué sur notre territoire pendant la guerre. Le révérend père Joseph termina promptement son inspection, de laquelle il résultait que dans cent cinquante-huit villes les restes de nos soldats n'étaient désignés par aucun monument. Il y pourvut; grâce à lui, grâce à l'aide matérielle que lui prêta la Société de secours aux blessés, les 17,240 enfants de la France que nous avons perdus en Allemagne sont ensépulturés, ainsi que disait le vieil Amyot, et honorés comme des braves qu'ils ont été.

Le monument élevé à leur mémoire a été plus ou moins imposant, selon le nombre de morts qu'il recouvre; parfois ce n'est qu'une simple pierre avec un seul nom, celui du soldat qui se repose là du tumulte des batailles. Partout l'inscription est identique :

« A la mémoire des soldats français décédés en 1870-1871. *R. I. P. Nunc meliorem patriam appetunt;* érigé par leurs compatriotes. » — Près des camps, dans les landes, où, faute de cimetières, l'on déposa ceux que la mort avait appelés, des clôtures furent établies qui délimitèrent l'enceinte du champ funèbre et l'isolèrent pour le mieux protéger. Ces tombes subsistent; elles ne sont point abandonnées; il en est plus d'une que j'ai visitée; on les respecte, et parfois j'y ai vu un bouquet de fleurs fraîchement cueillies mêlé à des couronnes que le temps avait desséchées.

Il me semble que le culte des morts compris de la sorte et en de telles circonstances dénonce l'inanité des querelles et condamne la férocité des combats. Ce n'est pas tout : dans cinquante-deux villes, des anniversaires de prières ont été fondés à perpétuité pour nos soldats morts sur le sol allemand. Près de 80,000 francs furent consacrés à cette œuvre pie, dont la totalité fut fournie, en fractions à peu près égales, par les souscriptions individuelles, par le gouvernement français, et par la Société de secours aux blessés.

Notre Société de la Croix rouge avait bien mérité de l'humanité; elle s'était prodiguée pendant la guerre, elle n'avait point déserté son poste devant les sacrilèges de la Commune, elle avait été chercher nos blessés dans les hôpitaux étrangers où ils languissaient encore, elle avait aidé dans de larges proportions à élever sur la terre de captivité des tombes à ceux qui ne devaient point revoir leur patrie.

Elle avait rempli sa tâche avec intelligence et dévoûment, comme une bonne mère qui s'empresse autour de ses fils malheureux. Sans elle, nos pertes déjà si douloureuses eussent été plus terribles encore. Elle pouvait croire qu'elle était quitte envers ce que sa conscience lui avait ordonné. Il n'en fut rien. Il lui sembla qu'une cérémonie solennelle devait unir tous les cœurs français dans une pensée commune, et que ceux qui étaient vainement tombés pour la défense du pays avaient droit à un hommage public. Un service funèbre, où le catholicisme déploya toutes ses pompes, fut célébré à Notre-Dame par les soins de la Société de secours. Le général de Cissey, l'amiral Pothuau, M. Jules Simon, ministres de la guerre, de la marine et de l'instruction publique, des députations de l'Assemblée nationale, le maréchal de Mac-Mahon, le grand-chancelier de la Légion d'honneur, le gouverneur des Invalides, des délégués des grands corps de l'État, des sous-officiers représentant toutes les armes de l'armée, assistèrent à cette commémoration et écoutèrent l'oraison funèbre que prononça le révérend père Félix. Le prêtre fut éloquent et, se rendant l'interprète d'un sentiment unanime, il remercia, au nom de la France, la Société de secours aux blessés du bien qu'elle avait fait.

CHAPITRE VI

LE PERSONNEL ET LE MATÉRIEL

Le capital de la Société de secours aux blessés. — Allocations
renouvelables. — Orphelins et Alsaciens-Lorrains. — Membres
artificiels. — Le blessé d'hier et le blessé de demain. — Pré-
sidences successives. — L'ancien matériel abandonné. —
Études. — Trois modèles de voiture pour le transport des
blessés. — Progrès accomplis. — Le rôle des voies ferrées. —
Les trains sanitaires. — Autrefois. — Service de la boucherie.
— Trains improvisés. — Trajet d'expérimentation. — Nouvelles
améliorations. — M. Ameline, ingénieur en chef de la Compagnie des chemins de fer de l'Ouest. — Les tentes. — Les
baraquements. — Étapes de ravitaillement. — Les dépôts. —
Provisions. — Le capital de la Société serait mobilisé par la
guerre. — Éducation préalable indispensable au personnel. —
Les infirmières. — Les brancardiers. — Les moyens de destruction rendront la guerre très meurtrière. — Premier pansement. — Les mannequins. — Les brancardiers volontaires de
Carlsruhe. — Sollicitude du grand-duc et de la grande-duchesse
de Bade pour la Croix rouge. — Répétition. — Champ de bataille. — Enlèvement des blessés. — Un blessé consciencieux.
— L'ambulance provisoire. — Le train sanitaire. — Exercice
qui devrait être souvent renouvelé. — Les frères de la Doctrine
chrétienne. — Le bataillon sacré de l'abnégation. — Cours
pratique au siège central de la Société. — Les femmes y sont
nombreuses, les hommes y sont rares. — Souvenir de M. de

Pourceaugnac. — Les hommes devraient se montrer assidus aux cours.

Lorsque la paix fut signée, et que la France, pansant ses blessures, ranimant sa vie presque éteinte, faisait courageusement face à l'infortune, la Société de secours, économe des deniers qui lui avaient été confiés pour venir en aide aux blessés, compulsait des chiffres et constatait que le reliquat des fonds de guerre, réuni à des offrandes attardées, lui constituait un capital d'environ 3,500,000 francs. C'était peu en présence des nécessités qui s'imposaient.

Parmi les blessés que l'on avait sauvés, beaucoup restaient amputés, impotents, sans ressources assurées et menacés d'une misère qu'ils ne pouvaient combattre par un travail que leur mutilation rendait impossible. Il ne pouvait être question de leur constituer des pensions, car l'on eût, en agissant ainsi, immobilisé le capital; on ne pouvait que leur accorder des allocations renouvelables; on n'y manqua pas, on fut généreux, et de ce chef la Société dépensa 200,000 francs en 1872.

Ce n'est pas seulement les blessés qui profitèrent de ces largesses ; les familles des soldats morts au cours de la campagne ne furent pas oubliées ; les orphelins eurent leur part, 10,000 francs, et aussi les Alsaciens-Lorrains immigrés en France, 20,000 francs. La distribution de ces secours aux victimes de la guerre franco-allemande n'a pas encore pris fin, comme on pourrait le croire, car je trouve dans les comptes de 1887 que 47,506 francs ont été employés à venir en aide à dix-sept cent soixante anciens blessés et à trois cent cinquante-sept veuves, orphelins et ascendants, sans compter quatre-vingt-treize appareils, — jambes articulées, bras artificiels, mains à crochet, — qui ont été délivrés à d'anciens amputés[1].

1. En ajoutant aux allocations du conseil central celles des comités de province, — de Lyon, par exemple, qui, chaque année, donne 5,000 ou 6,000 francs, d'Orléans qui ait de même, de Lille, de Bordeaux, etc., — on constate que, depuis 1872, la Croix rouge a distribué plus de 2 millions de secours prélevés sur les revenus d'un ca-

Les secours donnés aux blessés d'hier n'étaient et ne devaient être qu'un souci secondaire pour la Société; son objectif principal était le blessé de demain, celui qu'une guerre nouvelle pouvait jeter bas sur le champ de bataille et renvoyer, impuissant, incomplet et pauvre, dans ses foyers. Il ne fallait plus, comme au mois de juillet 1870, être saisi par des événements inopinés, s'organiser devant l'ennemi, au milieu même du combat, et ne point parvenir, malgré tous les efforts, à remplacer ce que le temps seul peut obtenir de l'expérience et de la méditation.

Sans plus tarder, comme si les clairons allaient sonner aux frontières, on reprit le travail et l'on s'ingénia à pourvoir notre Croix rouge d'une constitution à la fois élastique et solide qui lui permît d'être prête à répondre au premier appel, d'escorter le bataillon d'avant-garde, d'être maîtresse d'un personnel expérimenté, d'un matériel suffisant et

pital resté intact, sans parler de l'achat du matériel en magasin, qui a coûté plus de 800,000 francs.

d'être au devoir à la même minute que ceux qui seraient au péril. Après une campagne aussi désastreuse que celle que nous venions de subir, tout était à faire et tout fut fait, avec méthode et prudence, mais avec une persistance que rien n'a déroutée.

Sous la présidence successive du comte de Flavigny, du vicomte de Melun, intérimaire, du duc de Nemours, du maréchal de Mac-Mahon[1], la Société de secours aux blessés n'a jamais ralenti son zèle, et quoique sa fortune ne soit pas ce qu'elle devrait être, elle n'a rien négligé pour se parfaire et être une force adjuvante de premier ordre. Ce qui subsistait du matériel d'ambulance utilisé par la Société pendant la guerre était hors de service, ou peu s'en faut; l'expérience avait démontré, du reste, que les voitures, les brancards, les cacolets, construits sur d'anciens modèles, ne répondaient qu'insuffisamment aux exigences d'une armée en campagne.

Pour les blessés, le transport est toujours

1. Voir Pièces justificatives, n° 4.

une cause de souffrances ; mais ces souffrances
peuvent être amoindries si les voitures sont
bien suspendues et ne les secouent pas, si les
brancards sont larges, avec un support de
tête à crémaillère, si les cacolets permettent
de changer de position. On mit différents modèles à l'étude, et, après des discussions où
l'humanité seule fit entendre sa voix, on s'ar-
rêta à différents types qui constituent sur le
passé un tel progrès, que le service médical
des armées n'hésita pas à les adopter.

Il convient de désigner trois sortes de voitures qui sont destinées à rendre de grands
services et qui sont dues à l'initiative de la Société. La première est la voiture attelée de deux
chevaux, qui contient facilement six hommes
couchés et douze hommes assis : à proprement
parler, c'est un omnibus d'ambulance ; la seconde est le fourgon portant le matériel d'infirmerie, qui peut au besoin être transformé en
voiture de transport pour les blessés ; la troisième est la voiture-cantine, qui, chargée de
vivres, de fourneaux, de combustible, contient

la nourriture nécessaire à l'alimentation de deux cents hommes.

Ces trois types irréprochables sont aux voitures d'autrefois ce que le fusil Lebel est au fusil à pierre. La voiture à deux roues et à un cheval, dont on a fait un si fréquent usage pendant la dernière guerre, a été rejetée par le comité d'études de la Société. On a sagement agi; cette voiture est inhumaine; elle est un instrument de supplice pour les blessés, qu'elle brutalise. Je l'ai vue fonctionner après un des nombreux combats qui ensanglantèrent les avant-postes de Paris pendant la Commune. Il fallait entourer le blessé des deux bras, lui maintenir la tête pour amortir un peu les chocs qui le secouaient.

Dans les types actuels, tout a été combiné pour épargner au malheureux que l'on transporte les heurts et les brusques déplacements. Espérons que le ministère de la guerre et la Société de secours auront un nombre suffisant de ces voitures bienfaisantes, et que l'on ne sera plus réduit, comme en 1870-1871, à réquisitionner des chariots d'artillerie et des fourgons de chemin de fer pour enlever les blessés et les cahoter jusqu'aux ambulances.

Quelque nombreuses et bien aménagées que soient les voitures de la Croix rouge, elles ne peuvent plus, actuellement, servir qu'à des transports de courte durée : du champ de bataille à l'ambulance, de l'ambulance à une gare. Les voies ferrées sont aujourd'hui un instrument de guerre de haute importance; il est donc naturel qu'elles soient aussi un instrument de salut et de conservation.

C'est à elles qu'est réservée désormais la mission d'emporter les blessés loin de tout conflit, de les déposer dans des ambulances centrales, de les conduire aux hôpitaux, de les mener, en un mot, entre les mains de la science et de la charité. La Société de secours s'est préoccupée de ce problème, et elle l'a résolu de telle façon, que les nations étrangères lui ont rendu justice ; en effet, son modèle d'un train d'ambulance a obtenu le diplôme d'honneur à l'exposition universelle de Vienne en 1873[1].

Là, ce ne sont plus des voitures, ce sont des wagons garnis de lits suspendus, d'une pharmacie, d'une cuisine, d'un garde-manger, sorte d'hôpital ambulant où le blessé, le malade trouve le chirurgien, l'apothicaire, l'infirmier et tous les secours dont il peut avoir besoin. Chauffés lorsqu'il fait froid, ventilés en cas de chaleur, ces wagons hospitaliers seront un bienfait en temps de guerre et formeront un contraste mémorable avec les wagons à bagages et les wagons à bestiaux, sans compter quelques wagons à ballast que nous avons vus autrefois transporter des troupes. Je me rappelle que, sur un de ces wagons malfaisants, un soldat avait écrit à la craie : « Service de la boucherie. »

L'étude du transport des blessés ne s'arrête pas, et chaque jour on cherche à réaliser de nouveaux progrès. Au ministère de la guerre fonctionne, presque en permanence, une

1. Voir Pièces justificatives, n° 5.

sous-commission de trains sanitaires ; une des questions posées est celle-ci : En admettant que les wagons d'ambulance soient insuffisants, comment aménager les wagons à bagages pour le transport des blessés ? Une expérience intéressante a été faite à ce sujet par notre Croix rouge, entre Paris et Meulan. Il s'agissait de mouvoir un train sanitaire « improvisé » et d'étudier le meilleur système de brancards et de couchettes.

La compagnie de l'Ouest avait mis trois wagons à bagages à la disposition des délégués, qui n'ont pas dû faire un voyage dénué de fatigue, car le mécanicien avait reçu pour instructions de multiplier les variations de vitesse et les brusques arrêts. On voulait se rendre compte du degré de résistance des brancards mis à l'essai et des oscillations auxquelles ils étaient exposés. Le meilleur appareil de transport pour un blessé qui redoute les secousses est le brancard à sommier de toile, suspendu et arrimé par des cordages au plafond, au plancher, aux parois latérales du wagon. J'en ai fait l'expérience pour un de mes amis ; mais ce mode de transport exige l'emploi d'un wagon tout entier : il est, par conséquent, beaucoup trop dispendieux, beaucoup trop encombrant pour pouvoir être employé dans une évacuation nombreuse.

Depuis ce voyage d'expérimentation, que je ne rappelle qu'afin de prouver avec quel soin toute amélioration est étudiée par la Société de secours, de grands progrès ont été réalisés pour l'aménagement des blessés dans les wagons. C'est aux ingénieurs des chemins de fer, aux chefs de traction, qu'il convient de se fier ; ils connaissent leur matériel, ils en ont l'habitude et savent ce que l'on en peut exiger. Là où un médecin sera embarrassé pour caser quatre malades, un employé intelligent en placera six ou huit sans préjudice pour eux. Le jour où le problème sera sérieusement attaqué par les ingénieurs des voies ferrées, on peut être certain qu'il sera résolu. Ne l'est-il pas déjà ?

Jusqu'à présent on n'était parvenu qu'à

installer six blessés par wagon. Au mois de juillet 1888, M. Ameline, ingénieur de la compagnie des chemins de fer de l'Ouest, a expérimenté, avec succès, un nouveau système ou une nouvelle méthode de suspension dé brancards qui permet de réunir, sans inconvénient, dix et même douze blessés dans le même wagon. C'est là un résultat précieux, qui doublera la rapidité des évacuations sanitaires sur les centres hospitaliers[1].

1. Le règlement sur le service sanitaire de l'armée prescrit les « dispositions concernant les trains sanitaires improvisés ». Le train est composé, au maximum, de 35 wagons, dont 23 sont réservés aux blessés et aux malades; en prenant une moyenne de dix personnes pour chacun des wagons à bagages, un train pourra transporter 230 blessés. Cette limite est, je crois, dépassée en Allemagne, mais je ne puis donner que des chiffres approximatifs; la statistique allemande compte par essieu, ce qui n'a rien de précis, car certains wagons sont munis de deux essieux, d'autres de trois; le calcul ne sera donc pas absolument exact. Les ordonnances relatives à l'exploitation des voies ferrées donnent les chiffres suivants : trains de marchandises, 150 essieux, soit, avec certitude, 75 wagons à deux essieux; trains de voyageurs, 100 essieux; trains militaires ou trains mixtes (marchandises et voyageurs), 110 essieux. D'après un renseignement ver-

Il ne suffit pas de transporter les blessés, il faut tenir à leur disposition des abris temporaires où les soins leur sont donnés et où, si leur état l'exige, ils peuvent prolonger leur séjour. Le comité d'études de la Société de secours y a pensé et a établi des baraquements, des tentes d'ambulance qui sont de véritables salles d'hôpitaux transitoires, meilleures même, car la contagion ne s'y installe pas dans de vieux murs et dans des parquets disjoints. Ces baraques formées de légères voliges qui se démontent et se remontent avec facilité, ces tentes vastes et aérées qui peuvent résister à un long usage, sont arrimées méthodiquement et transportées sur des fourgons spécialement construits ; le personnel nécessaire les accompagne, et en temps de service elles sont munies d'un nombre déterminé de couchettes.

bal, un train sanitaire allemand improvisé peut transporter 300 blessés. Nous avons dit plus haut que pendant la guerre de 1870 la Croix rouge de Prusse a pu expédier 900 blessés par un seul train.

Un blessé évacué du champ de bataille sur l'hôpital d'une ville désignée peut s'arrêter, au cours de sa route, dans ces étapes reposantes qui l'attendent et l'accueilleront aux stations que doit parcourir le train sanitaire. Comme des refuges placés en marge des chemins périlleux, les ambulances de la Croix rouge s'ouvrent pour les hommes fatigués auxquels le réconfort est nécessaire. Peu à peu, guidée par son comité d'études, qui en réalité est un comité d'initiative, la Société de secours a organisé un matériel qui est égal, sinon supérieur, à celui de toute autre nation européenne[1]. On a pu s'en convaincre aux différentes expositions internationales où la France a prouvé, sans orgueil, mais avec sécurité, que, tout en ne redoutant pas la guerre, elle avait redoublé d'efforts pour en atténuer les effets.

Les montagnes de compresses, les bandes, les langes pour tout pansement, les cardes de

1. Égal en qualité, mais non en quantité. Sous le rapport de l'accumulation du matériel sanitaire, la Croix rouge d'Autriche dépasse celle de toutes les autres nations.

coton phéniqué, les gouttières métalliques
garnies de ouate, les attelles, les alèzes en
caoutchouc, tout ce qui forme, en un mot,
l'outillage intelligent d'une infirmerie chirurgicale, a été réuni et reste prêt à être utilisé
aux premières réquisitions de la guerre. Avant
que cette précieuse réserve soit épuisée, on
aura le temps d'en rassembler une autre ; car
le jour où un conflit armé éclaterait, le capital
de la Société, dont le revenu est aujourd'hui
consacré à des secours renouvelables, serait
immédiatement mobilisé et employé au service des ambulances : en temps de paix, ce
capital est inaliénable ; mais dès que les hostilités sont imminentes, il recouvre sa liberté
d'action.

Les dépôts sont nombreux où l'on a rangé
dans un ordre méthodique tous ces instruments de salut, ces objets de réparation, qui
sont, en quelque sorte, les armes de la bienfaisance combattant au nom de l'humanité mé-
connue par la guerre. Là on peut voir ce
qu'autrefois j'ai contemplé avec tristesse dans

les magasins généraux de l'Assistance publique : des piles de béquilles, des armoires
pleines de membres artificiels, des chariots
mécaniques pour ceux que la blessure a paralysés. En admirant tant de prévoyance, en
rendant justice au sentiment qui l'a suscitée,
on ne peut s'empêcher de former un vœu :
que tout cela pourrisse sur place et que la
guerre n'en ait jamais besoin!

Il est relativement facile de se procurer un
matériel d'ambulance assez complet pour parer
à des éventualités pressantes; ce n'est qu'une
question d'argent, question que la bienfaisance des nations ne rend pas insoluble. Il
n'en va pas de même lorsqu'il s'agit de former
un personnel d'infirmerie apte à donner des
soins aux blessés; là une éducation première
est indispensable; elle doit être d'une théorie
très simple, car la pratique détaillée ne peut
s'acquérir que par l'expérience, par le séjour
dans les hôpitaux de chirurgie, par la présence
dans les salles où l'on souffre.

Les médecins, les chirurgiens ne feront

point défaut à l'heure du péril; ils seront là
où ils doivent être : en première ligne s'ils
appartiennent au service sanitaire de l'armée,
en seconde ligne s'ils ont adhéré à la Société
de secours; les infirmières non plus ne manqueront pas; j'imagine que les femmes s'empresseront et se rangeront derrière les sœurs
de Saint-Vincent de Paul, qui accourront les
premières, si on ne les a pas encore chassées
de France, comme déjà on les a expulsées des
écoles et des maisons hospitalières.

Sous ce rapport, la Société vit en paix : elle
sait que la science et la charité rivaliseront de
zèle pour l'aider à remplir sa mission. Mais
ces blessés, qui dans les futures batailles
seront en nombre prodigieux, à cause de
l'énormité des contingents et de la cruauté
scientifique des armes actuelles, il faut aviser
à les relever le plus tôt possible, à les transporter aux ambulances volantes et à leur
épargner l'angoisse des heures d'attente sur
le terrain même où ils sont tombés. Ce travail de recherche, d'enlèvement, qui doit être

fait avec aplomb et rapidité, est l'œuvre des brancardiers; c'est d'eux, de leur énergie, de leur perspicacité, de leur adresse, que peuvent dépendre le salut et l'existence de bien des malheureux.

On s'est donc ingénié à former un corps de brancardiers qui auraient pour mission de recueillir, après le combat, pendant le combat s'il se peut, la sanglante moisson que la guerre a fauchée. Même en cas de retraite, en cas de déroute, ils peuvent accomplir leur devoir sacré, car la Croix rouge les protège et permet qu'ils ne soient point inquiétés à leur poste d'honneur. Il ne suffit pas de ramasser un blessé, de le coucher sur un brancard et de l'emporter ; il faut le saisir sans rendre sa souffrance plus aiguë, savoir faire un pansement provisoire, arrêter une hémorragie, et placer le malheureux dans la position qui doit lui être le moins pénible. C'est ce que les brancardiers doivent apprendre, et on le leur enseigne.

Des chirurgiens militaires, rompus aux incidents d'un champ de bataille couvert de blessés, ont donné à cet égard des instructions précieuses. A défaut de « modèle vivant », comme l'on dit dans les ateliers de l'Ecole des Beaux-Arts, on se sert du mannequin pour les démonstrations : mannequin articulé, sur les membres duquel le trajet des artères et des veines est indiqué, mannequin flexible, jusqu'à un certain point, qui permet de reproduire les diverses inflexions du corps humain et de lui donner la position la plus favorable au blessé, selon la blessure reçue. C'est, je crois, le comité de la ville de Lille qui le premier a inauguré ce genre d'enseignement, que l'on ne saurait trop encourager et développer, car il n'est pas de jour, en pleine paix, où la vie ouvrière n'ait à en profiter.

Le 23 septembre 1887, à Carlsruhe, j'ai assisté aux manœuvres du corps des brancardiers volontaires. Les délégués de la Croix rouge des diverses nations de l'Europe, de l'Amérique et même du Japon, s'étaient réunis dans la capitale du grand-duché de

Bade pour y tenir leur quatrième congrès.
La France y était excellemment représentée.
La Croix rouge de Bade est complète, bien
outillée, servie par un personnel exercé, très
discipliné, qui obéit comme un régiment. La
société secourable est l'objet des sollicitudes
du grand-duc et de la grande-duchesse; de
celle-ci on peut dire qu'elle en est la grande-
maîtresse; elle ne fait, du reste, que se conformer à l'exemple que sa mère, l'impératrice
Augusta, lui a donné dans le royaume de
Prusse; les blessés français qui, pendant la
campagne de 1870-1871, ont été traités dans
les « lazarets » sur lesquels les deux souve-
raines étendaient leur protection, n'ont oublié
ni l'une ni l'autre.

Toutes deux ont compris et ont prouvé
qu'en temps de guerre le rôle de la femme
est de proclamer, de faire prévaloir les droits
et les devoirs de l'humanité contre les nécessités de la politique[1]. J'ai pu constater l'in-

1. Sur la liste originelle des membres fondateurs et
souscripteurs de la Société française de secours aux bles-

fluence bienfaisante de la grande-duchesse
Louise sur la Croix rouge badoise, qui, au
premier signal, est prête à fonctionner, car
je l'ai vue à l'œuvre. On offrit aux délégués
une sorte de répétition générale; les souverains et leur fils s'empressaient de faire aux
envoyés des diverses sociétés de secours les
honneurs d'un champ de bataille figuré où
de faux blessés attendaient que l'on vînt les
relever. Couchés à l'ombre des grands arbres,
ils ne paraissaient point impatients et regar-
daient tranquillement le paysage.

On les avait disséminés, non point au
hasard, mais scientifiquement, pour ainsi
dire, accotés contre le tronc des chênes, dis-
simulés derrière un pli de terrain, tapis dans
les fossés, abrités en un mot comme font les
vrais blessés qui rampent loin du combat et
profitent des accidents du sol pour se garantir contre les projectiles. En outre, chacun
d'eux était fictivement atteint d'une blessure

sés militaires (1869), le premier nom que je lis est celui
de la reine de Prusse, Augusta.

12

spéciale, à la tête, à la poitrine, à l'abdomen, aux membres inférieurs ou supérieurs.

A peine étions-nous arrivés sur ce champ de manœuvres sanitaires, que le corps des brancardiers apparut, la croix rouge au bras et à la casquette, marchant vite, marquant le pas avec des mouvements secs et précis comme ceux des anciens soldats. C'étaient des gars solides, vêtus d'un uniforme gris peu voyant, fortement chaussés, ainsi qu'il convient à des hommes qui doivent faire les étapes de la charité à travers les terres bouleversées par les batailles. Les brancards m'ont paru bien construits, résistants, garnis d'une grosse toile en treillis, munis d'une paire de bretelles et complétés par un appendice à crémaillère, en forme de pupitre, destiné à exhausser la tête.

A un signal, les brancardiers se dispersèrent, quatre par quatre, à la recherche des blessés. Ceux-ci étaient déposés sur la litière pendant que l'on comprimait l'artère fémorale ou l'artère brachiale, selon que la cuisse ou le bras avait été traversé par la balle; pour tous un pansement rapide était simulé. Puis deux brancardiers de corvée emportaient le blessé, que les deux autres escortaient après s'être chargés du sac, du casque, du sabre et du fusil, prêts à relayer leurs camarades s'ils étaient fatigués.

Ils jouaient bien leur rôle, les petits fantassins qui étaient censés tombés pour l'honneur du Vaterland; ils le jouaient si bien, que l'un d'eux l'avait pris au sérieux : il était pâle comme un mourant, c'est le cas de le dire; il faisait ballotter sa tête et levait les yeux au ciel avec résignation. J'imagine qu'il récitait mentalement les vers de Frédéric Hœlderlin : « Je veux verser mon sang, le sang de mon cœur, pour la patrie. » On lui avait assigné une blessure grave; on ne barguigne pas avec la consigne dans l'armée allemande; il avait cru son capitaine sur parole, et se laissait tout doucement défaillir, par respect pour la discipline. Il était si faible que, pour le ranimer, je lui fis donner une chope de bière; il la but, s'essuya correctement les lèvres, poussa un soupir d'agonie et reprit son attitude de moribond.

Au fur et à mesure qu'on relevait les blessés, on les portait à l'ambulance établie en plein air à proximité du champ de bataille. On les couchait sur un bon lit de paille fraîche comme j'aurais été heureux d'en trouver, au temps des voyages, lorsque je n'avais pour matelas que le sable du désert ou les grèves de la mer Rouge. Après l'inspection des chirurgiens de service, on les transférait dans une vaste tente ou dans un baraquement d'ambulance, hôpital mobile qui se déplace en même temps que les corps d'armée, les accompagne et reste toujours en contact avec eux. Les blessés que l'on jugeait transportables étaient conduits et installés dans un train de chemin de fer composé de wagons sanitaires qui, si je ne me trompe, appartenaient à la Société bavaroise de la Croix rouge, et qui, à première vue, m'ont semblé de dimensions un peu restreintes.

Ces exercices, auxquels assistait l'empereur du Brésil, m'ont vivement intéressé. Je sais bien qu'ils n'ont été qu'une représentation platonique et qu'ils ont été exécutés avec un ensemble, une précision que le tumulte du combat aurait troublés ; mais néanmoins ils sont de bon augure et prouvent que, si l'on enseigne l'art de tuer son prochain, on se préoccupe aussi du soin de le sauver. Il serait à désirer que de telles manœuvres ne fussent pas seulement un spectacle offert à des théoriciens et à des curieux ; je voudrais qu'on pût les multiplier comme on multiplie les exercices de la pompe pour les pompiers.

Tout corps de troupes en campagne d'instruction — marches forcées, petite guerre, opérations stratégiques — devrait, à mon avis, être accompagné d'un peloton de brancardiers de la Croix rouge, ne fût-ce que pour ramasser les hommes tombés de fatigue, blessés par leur chaussure, et frappés d'insolation. Ce ne serait pas empiéter sur les attributions du corps sanitaire des régiments, ce

serait donner une instruction pratique à des
hommes dont les services seront d'autant plus
précieux qu'ils en auront éprouvé l'importance et apprécié les difficultés.

Si l'Allemagne a de bons brancardiers, les
nôtres ne leur sont pas inférieurs; nous les
avons eus et nous les aurons encore. C'est une
troupe d'élite qui marche en priant, mais ne
recule pas. Autour d'elle viendraient, à l'heure
du péril, se grouper les dévoûments individuels que la France n'a jamais invoqués en
vain. On se souvient des hommes dont je veux
parler. Dans les combats décevants qui furent
livrés sous Paris pendant la période d'investissement, ils ont été au feu comme des vété-
rans, sans hésitation ni forfanterie. Vêtus de
leur longue robe en bure noire, coiffés de
l'incommode chapeau à trois cornes, on les
a vus, sur nos champs de bataille, recueillant
les blessés, les réconfortant et leur montrant
peut-être la lumière qui brille au delà du
seuil redoutable.

Non seulement ils ont secouru nos blessés,

mais parfois ils ont partagé leur sort, car les
balles sont aveugles, et ne reconnurent pas
les humbles religieux qui portaient au bras
le signe de la neutralité. Plus d'un est tombé
qui ne s'est pas relevé, victime offerte en
holocauste au Moloch dévorateur que l'on
appelle encore le dieu des armées, et dont les
Évangiles n'ont même pas prononcé le nom.
Pendant nos grandes misères, ils ont été hé-
roïques, ces frères des Écoles chrétiennes, qui
sont religieux sans être ecclésiastiques, et
qui ont reçu à Reims, en 1681, du chanoine
J.-B. de la Salle, la règle à laquelle ils sont
soumis encore aujourd'hui. C'est un ordre
exclusivement français, modeste, persistant,
toujours à la peine, rarement à l'honneur,
et prêt, en toute circonstance, à se sacrifier
pour la patrie.

Ils l'ont prouvé, ces pauvres ignorantins,
et l'on aurait dû s'en souvenir avant de fermer
les classes où ils enseignaient aux enfants du
peuple que le devoir n'est pas un vain mot.
Si les municipalités ingrates les ont chas-

sés comme des malfaiteurs, nos soldats les retrouveront près d'eux lorsque les canons parleront de nouveau ; ils appartiennent à la charité et rendent volontiers le bien pour le mal ; ils se sont donnés à notre Croix rouge et ont réclamé l'honneur de la servir.

Au mois de juillet 1879, le duc de Nemours, qui était alors président du conseil central de la Société de secours aux blessés, s'adressa au frère Ilride, supérieur général des frères de la Doctrine chrétienne, et lui demanda combien, en cas de guerre, il pourrait mettre d'hommes à la disposition de la Croix rouge. Le supérieur répondit : « C'est un grand honneur que la Société de secours aux blessés nous fait, Monseigneur, en nous ouvrant ses rangs ; aussi n'est-ce pas seulement mon adhésion empressée, mais encore mes plus vifs remerciements que j'ose vous prier de lui transmettre. »

Puis, désignant l'emplacement des différents établissements des frères, indiquant le nombre de ceux-ci, réservant le service des écoles, qui est le but même de l'institution, il déclare qu'un millier de brancardiers environ répondront au premier appel. Ce sera le bataillon sacré de la bienfaisance et de l'abnégation ; les brancardiers laïques n'auront qu'à les suivre pour être toujours au bon endroit. Si l'émulation saisit les uns et les autres, si quelque rivalité s'élève à qui fera le mieux, il ne faudra pas s'en plaindre. Dans la production des œuvres de dévoûment, comme dans la production des œuvres industrielles, la concurrence a du bon.

Si l'on s'est assuré d'un corps de brancardiers dont les cadres, formés par les frères de la Doctrine chrétienne, seront rapidement remplis, on est certain de voir accourir dans les ambulances les sœurs de Saint-Vincent de Paul et des autres congrégations hospitalières ; mais, quel que soit leur nombre, elles ne pourront répondre à toutes les exigences. C'est pourquoi la Société de secours aux blessés a ouvert des conférences qui sont une sorte d'école permanente où les futurs infir-

miers et les futures infirmières peuvent recueillir d'indispensables notions.

Au local même de la Société, rue Matignon,
l'on peut écouter la parole de quelques prati-
ciens sérieux dont la technologie n'a rien
d'excessif et qui, le plus souvent, réussissent
à se mettre à la portée d'un auditoire chez
lequel la bonne volonté est presque toujours
supérieure à la science. Ce n'est pas un mince
mérite, car le métier de vulgarisateur n'est
point facile à exercer. Ces cours, inaugurés en
1882, sont divisés en deux parties distinctes :
celle qui s'adresse aux brancardiers-infirmiers,
celle qui est réservée aux dames infirmières.
Deux fois par semaine, pendant les mois de
février, mars, avril, mai et juin, les uns et les
autres peuvent recevoir l'enseignement théo-
rique qui leur permettra d'acquérir promptement l'habileté que seul peut donner le séjour
dans les ambulances.

Le choix des cours est judicieux : anatomie,
physiologie, fractures dans la chirurgie de
guerre, hygiène hospitalière, appareils impro-

visés pour les pansements provisoires, éléments de pharmacie usuelle, fonctionnement du service de santé en campagne, lingerie, c'est-à-dire confection des linges à pansement. La marine n'est pas oubliée, car on fait des conférences sur les ambulances flottantes.

J'ai assisté à ces cours, auxquels préside un membre du conseil; j'en ai été satisfait: ils m'ont paru remplir l'objet auquel ils sont destinés. Chaque leçon dure une heure environ et ne s'égare pas en considérations étrangères au sujet. Point de discussion de doctrine, point de dissertation savantasse, rien autre que le fait, comment il se produit, quelle conséquence il entraîne, par quels procédés on peut en neutraliser ou en atténuer les effets. C'est très simple et très clair; du moins j'ai compris tout ce que j'ai entendu, et j'en ai conclu que nulle explication n'avait échappé à l'intelligence des auditeurs.

Lorsque la leçon est ce que j'appellerai mixte, c'est-à-dire lorsqu'elle s'adresse aux infirmières aussi bien qu'aux infirmiers, le public est nombreux, et les femmes en forment la grande majorité. Après le premier froufrou des robes et quelques saluts échangés, elles restent silencieuses, attentives, ne quittent point le professeur des yeux et, comme l'on dit, sont bien à leur affaire. Beaucoup d'entre elles prennent des notes, elles se dépêchent, elles voudraient ne pas perdre un mot, et l'orateur parle vite, car il y a bien des choses à dire et le temps lui est mesuré. Quand elles entendent une parole dont la signification leur échappe, elles prennent un air effaré et ont des petits mouvements d'oiseau inquiet qui sont charmants; je les ai vues toutes dresser la tête en même temps et agrandir les yeux au mot « épistaxis, » et pousser un soupir de soulagement lorsque le professeur, remarquant ce geste de surprise qui ressemblait à une interrogation, se hâta d'ajouter : « c'est-à-dire le saignement de nez. »

Parfois les explications les rendent un peu

confuses. Pendant une leçon de pharmacie usuelle, quelques détails trop techniques leur firent baisser les yeux, comme si l'on eût évoqué l'âme de M. Fleurant et fait apparaître les matassins qui donnaient chasse à M. de Pourceaugnac : « Bénin, bénin, pour déterger, pour déterger. » Je crois bien que quelques mamans riaient sous cape, mais les jeunes institutrices à brevet témoignaient par l'expression de leur physionomie que, semblables au Géronte du *Médecin malgré lui*, « elle ne se connaissent pas à ces choses. »

La femme qui aura suivi ces cours sera plus tard une infirmière utile ; elle saura débrider une plaie, panser une blessure, et au besoin préparer un médicament. Si les femmes sont assidues aux cours de la rue Matignon, je n'en dirai pas autant des hommes ; j'en suis honteux pour mon sexe ; je l'ai cherché là où il devait être et je ne l'ai pas aperçu. L'homme est-il donc trop indifférent ou trop paresseux pour venir, une fois par semaine, pendant une heure, acquérir des notions qui, en dehors des périodes de guerre, lui seraient utiles dans bien des circonstances de la vie? Non; l'homme est occupé, très occupé; n'a-t-il pas le péristyle de la Bourse, et le café, et le cercle, et le reste? Cela prend bien du temps, et il n'en reste guère à consacrer aux œuvres d'humanité, qui sont cependant de devoir commun dans un pays de service militaire obligatoire.

Au jour des batailles, on s'empressera, je n'en puis douter, mais sans notions préalables, par conséquent avec hésitation, avec maladresse, et le pauvre blessé pâtira de ceux-là mêmes qui veulent le secourir. Lorsque les troupes seront en marche, il n'y aura plus ni leçon, ni professeur; on regrettera d'avoir négligé l'apprentissage, car la volonté seule ne suffit pas à faire le bien; il faut donc profiter des heures pacifiques pour s'initier au métier d'infirmier et de frère de charité. C'est pourquoi je voudrais que les cours de la Croix rouge fussent suivis avec quelque régularité par les hommes, qui, du moins, pourraient s'habituer d'avance aux fonctions qu'ils ne répudieront pas si la France en appelait à leur dévoûment. Être prêt, c'est bien; mais être préparé, c'est mieux.

CHAPITRE VII

AU DELA DES MERS

L'esprit de conquête. — Les deux morales. — Ce qui est acquis
par la violence ne se conserve que par la force. — Les Anglais
au Bengale; nécessité de s'emparer de l'Hindoustan. — Les
rebelles. — Épidémie de colonisation. — La prise d'Alger. —
Conséquences. — La Tunisie. — La Société de secours s'offre
à l'expédition de Tunisie et n'est acceptée que dans une mesure
restreinte. — Objets expédiés. — Choix judicieux. — Tuer le
temps. — La Croix rouge participe à la conquête. — 1 fr. 25
par jour. — Un convoi de ravitaillement. — La fièvre et le sulfate de quinine. — La tribu des Souassi. — Soumise par la
guérison. — Au cours d'une seule année la Croix rouge fait
quarante-deux expéditions en Tunisie. — Au Tonkin. — Le
climat. — Le ministre de la marine autorise l'intervention de
la Croix rouge. — Transports réguliers, distributions irrégu-
lières. — Doit-on faire convoyer les expéditions d'objets faites
par la Croix rouge? — Ordre général. — Madagascar. — Maurice Béniowski. — Serment à la Confédération de Bar. — La
rade de Diego-Suarez. — Cent trente expéditions de matériel
dans l'Extrême-Orient. — Le soulier. — L'arme la plus meurtrière pour le fantassin. — Modèle à mettre au concours.
Les Anglais en Égypte. — Les caisses de vin. — Les réfugiés d'Égypte à Marseille. — Infirmeries ouvertes. — 5,575
journées d'hôpital. — La France entière Société de secours
aux blessés.

13

La Société de secours aux blessés des armées de terre et de mer ne s'est pas contentée, depuis la fin du conflit franco-allemand, d'étudier les questions techniques, de réunir un matériel important et de former un personnel apte aux services exigés ; elle a donné aide à la France engagée dans des combats d'outre-mer. Fidèle à son titre, elle a été maternelle pour nos soldats et pour nos marins.

Une sorte de croisade permanente semble ouverte contre les peuples infidèles ; on se soucie fort peu de modifier leurs croyances religieuses, mais on ne dédaigne point d'acquérir leurs territoires, de s'y installer, d'y prospérer, s'il se peut, et de s'y maintenir en vertu d'un droit barbare que l'on conteste lorsque l'on est le plus faible, que l'on acclame lorsque l'on est le plus fort et qui n'est autre que le droit de conquête. Ce que la morale y gagne, je ne saurais le dire ; mais cela développe la marine, le commerce, la richesse générale des nations, et c'est pourquoi l'on n'a point scrupule de se faire écumeur de rivages et détrousseur de pays, au mépris du précepte, perpétuellement méconnu : « Ne fais pas à autrui ce que tu ne veux pas que l'on te fasse. »

Il est difficile de ne point sourire en se rappelant que Désiré Nisard a été conspué pour avoir dit, en une heure de franchise, qu'il existe deux morales. Il a nié le propos, et il a eu tort; je le reprends pour mon compte, et j'affirme que l'on n'a jamais mené la politique à l'aide de la morale ordinaire, de la bonne vieille morale, de celle que l'on enseigne aux enfants et qui est la seule vraie. Si un individu se conduisait à l'égard de son semblable comme les peuples, représentés par leurs gouvernements, se conduisent vis-à-vis les uns des autres, la peine qui le frapperait serait si sévère; qu'il n'aurait plus occasion de tuer les gens pour s'approprier leurs biens. Considération superflue, que peut formuler la conscience d'un philosophe grognon, mais que la politique n'admettra jamais, ne serait-ce que par respect pour une tradition qui date des premiers jours du genre humain.

Ce qui a été acquis par la violence ne se conserve que par la force ; aussi, lorsque dans les colonies l'élément autochtone n'a pas été anéanti, l'état de guerre est presque l'état normal. Sous prétexte d'assurer la sécurité des frontières, on les recule sans cesse au détriment des voisins, que l'on traite volontiers d'insurgés ou de rebelles lorsqu'ils défendent le sol natal et obéissent ainsi au plus sacré des devoirs.

En 1757, les Anglais commencèrent à s'établir au Bengale ; c'était une acquisition nouvelle, exposée à des revendications ; pour en mieux conserver l'intégralité, ils ont conquis l'Inde entière, qui est à eux avec deux cents millions de sujets, auxquels toute velléité de patriotisme est interdite, ainsi que le démontre la répression de l'insurrection des Cipayes en 1857, insurrection motivée par l'annexion peu volontaire du royaume d'Aoude. Il n'est pas une nation européenne, une nation civilisée, qui n'ait de pareils faits sur la conscience, qui n'en tire profit et ne s'en vante dans son histoire.

Une épidémie de colonisation sévit en Europe depuis une quinzaine d'années; c'est à qui s'en ira vers les terres noires, vers les terres jaunes, du côté de l'Afrique et de l'Extrême-Orient pour s'y tailler des possessions où l'on pourra écouler quelques marchandises, après y avoir fait tuer bon nombre de soldats qui ne demandaient qu'à vivre. La France n'est pas demeurée en reste dans ce mouvement d'expansion qui se déguise sous le nom de mission civilisatrice, et c'est pourquoi notre Société de la Croix rouge a expédié tant de ballots dans des pays lointains.

Un coup d'éventail injurieusement donné à un consul provoqua des représailles qui entraînèrent la prise d'Alger et du territoire adjacent. Il en résulta une colonie que l'on dut protéger vers l'ouest en s'emparant de la province d'Oran, vers l'est en prenant la province de Constantine, vers le sud en débordant jusqu'aux marges du grand désert. Ce que cette conquête a exigé d'efforts, d'hommes et d'argent, les lecteurs savent que M. Camille Rousset l'a raconté d'une façon magistrale[1].

Notre sécurité exigea, paraît-il, un développement de frontières du côté de l'Orient, et nous avons étendu une main bienveillante sur la Tunisie, à peu près comme l'Angleterre honore l'île de Malte de son protectorat. Les choses n'allèrent point toutes seules, et les Tunisiens nous accueillirent avec un empressement mélangé de coups de fusil. Qui ne se rappelle les Kroumirs, ces fameux Kroumirs dont la résistance fut si redoutable dans les journaux? Peu ou prou, on se battit; des soldats français étaient en guerre, la Société de secours aux blessés intervint et elle proposa ses services au ministre.

Celui-ci les accepta, mais en les limitant. Il ne crut pas devoir accueillir le concours sans réserve qu'offrait la Société; il estima

1. Je crois ne pas m'éloigner de la vérité en disant que l'Algérie coûte encore à la France environ quatre-vingts millions par an.

que les ressources hospitalières dont disposait le corps expéditionnaire suffisaient à tous les besoins, et il n'autorisa que l'envoi de certains dons en nature. Si les ambulances de notre Croix rouge ne se montrèrent pas en Tunisie à la suite de nos soldats, c'est qu'il ne leur fut point permis d'y paraître; je le regrette, car elles n'y auraient point fait mauvaise figure.

A défaut de ses tentes, de ses cacolets, de ses infirmiers, elle envoya des médicaments et beaucoup de ces objets qu'une administration soucieuse des deniers publics doit considérer comme superflus, mais qui nous semblent de nécessité première pour les malades et les convalescents. On sut y joindre, sans malice, mais avec habileté, une centaine de brancards qui furent utilisés, quoique le matériel sanitaire de l'armée fût au complet. Les envois étaient dirigés sur les comités de la Société, à Marseille, à Toulon, à Oran, à Alger, à Bône, à Tunis, qui les faisaient parvenir et distribuer dans le Sud Oranais, où nous étions en lutte contre les indigènes, en Tunisie, dont on nous disputait mollement la possession.

Toutes les caisses, tous les colis timbrés de la Croix rouge portaient à nos soldats l'assurance que la Société de secours veillait de loin sur eux, puisqu'elle n'avait pas été admise à les faire accompagner par ses délégués. Il est fâcheux que des considérations d'un ordre probablement supérieur l'aient éloignée de cette incursion en pays à conquérir; elle y eût sans doute perfectionné une expérience qui n'eût pas été stérile pour l'avenir. Le *fit fabricando faber* est vrai pour l'hospitalier comme pour le forgeron.

L'énumération des objets expédiés par le comité central de Paris est intéressante, car elle répond avec intelligence aux besoins du soldat en marche de guerre, que n'épargnent ni les blessures, ni les maladies, ni le dénûment et que trop souvent reçoit l'ambulance temporaire en attendant l'hôpital. J'y vois 6,314 objets d'habillement, où dominent les chemises et les ceintures de flanelle qui devraient être « d'ordonnance » dans les campagnes où l'on couche en plein air, dans les pays que visite fréquemment la dysenterie; 3,150 pièces de literie, draps et couvertures de laine; 1,840 kilogrammes de linges à pansements, 100 appareils à fractures, neuf matelas à eau, 400 mètres de toile imperméable, 130 filtres à charbon, qui sont le plus précieux préservatif contre les contagions que charrient les eaux infectées de microbes; les conserves alimentaires sont en nombre qui ne se compte pas et forment, avec 11,700 litres de vins de Bordeaux et de Provence, une bonne ressource alimentaire.

Les substances pharmaceutiques n'ont point été oubliées; les fébrifuges y tiennent bonne place et aussi les calmants, les anesthésiques, — laudanum, chloral, éther et chloroforme, — auxquels tout blessé a droit aux heures de la souffrance ou de l'opération. Afin de combattre la soif, si dure sous le ciel d'Afrique pour les fièvreux à peine abrités par la tente, on a ajouté 336 litres de jus de citron concentré, à l'aide duquel on peut rapidement obtenir des limonades faites avec de l'essence de fruits et non point avec de l'acide sulfurique, qui si souvent la remplace dans les cafés et même dans les hôpitaux.

On a pensé aux heures languissantes de l'ambulance, à l'ennui du désœuvrement, à l'oisiveté qui, pour le convalescent, appelle la tristesse, le regret, « le mal du pays », si périlleux que bien souvent il retarde la guérison en paralysant la réaction vitale, et l'on a envoyé aux malades de quoi « tuer le temps » : des jeux de dominos, de dames, d'échecs, quelques collections de volumes à la fois instructifs et amusants, romans d'aventures, récits de voyages, histoires militaires qui raniment le courage en racontant les hauts faits des devanciers ; le tabac ne manquait pas non plus, car on sait à la Société de secours qu'il est indispensable au troupier qui en a contracté l'habitude.

En expédiant ces « douceurs » à nos soldats manœuvrant sur les territoires *ubi Carthago fuit,* notre Croix rouge s'imaginait qu'elle concourait simplement au soulagement des malades et des blessés ; elle eût été sans doute fort étonnée si on lui eût prédit que, par son action seule, elle allait participer à la conquête et soumettre des tribus réfractaires. Tout invraisemblable que le fait puisse paraître, le fait n'en est pas moins certain ; si l'on en doutait, j'invoquerais le témoignage du général Riu, que nul ne récusera. Dans cette campagne, qui fut si précipitée qu'on put la croire inopinée, il se produisit, au début surtout, quelque indécision dans les services auxiliaires de l'armée.

On guerroyait dans l'extrême sud, à plus de 500 kilomètres de la base d'opération ; les médicaments, le matériel de pharmacie n'y parvenaient point facilement, s'égaraient sur les routes indécises du désert et se faisaient parfois attendre plus qu'il n'eût convenu dans l'intérêt des malades et des éclopés. L'administration militaire s'évertuait à parer à ces inconvénients et n'y réussissait pas toujours ;

« elle était quelquefois paralysée par l'insuffisance même des ressources dont elle disposait, dit le général Riu ; ce n'est pas avec la modeste somme de vingt-cinq sous par jour que le soldat évacué sur les ambulances du littoral pouvait trouver dans son long et pénible voyage de quoi s'assurer tout le bien-être qu'exigeait son état[1]. »

Un jour, dans une de ces heures d'inquiétude et de malaise comme il en sonne trop souvent au cours des expéditions militaires, surtout dans les contrées de civilisation incomplète, on aperçut un convoi qui se dirigeait vers le campement. On s'interrogeait, on regardait, et l'on finit par distinguer la bannière de la convention de Genève. Il n'y eut qu'un cri : « C'est la Croix rouge ! » Oui, c'était la Croix rouge qui, à travers mille obstacles, sous la conduite d'un de ses délégués, M. Gandolphe, arrivait avec un ravi-

1. *Société de secours*, etc., troisième délégation ; comité départemental de Loir-et-Cher, assemblée générale du 4 avril 1886, p. 24, *Allocution du général Riu.*

taillement de bouteilles d'eaux minérales, de médicaments, de substances alimentaires et quelque argent pour les soldats dénués. Il fut le bienvenu, ce convoi inespéré, car les boîtes de pharmacie étaient vides et l'eau des mares saumâtres était périlleuse à boire.

La provision de sulfate de quinine était ample et dépassait les besoins de la brigade que la Société de secours venait de rencontrer. Sur ces terres mal remuées depuis des siècles, l'air que l'on respire est l'haleine même de la fièvre ; le sulfate de quinine y est plus précieux que l'or. J'ai traversé jadis des douars arabes atteints par la fièvre : les hommes hâves, les femmes décharnées, les enfants au ventre ballonné accroupis près des tentes, semblaient attendre que l'ange noir les eût touchés. Nulle défense, nulle résistance contre le mal ; à quoi bon ? ils savent depuis longtemps que la récitation des versets du Coran, que les incantations du sorcier sont impuissantes à détruire « la bête jaune » qui les mange ; mais ils n'ignorent pas que le roumi possède une poudre blanche qui chasse la fièvre, et cette poudre magique, ils n'en ont pas; donc ils se résignent. Mais la résignation des musulmans ne va pas jusqu'à dédaigner le merveilleux antidote, et lorsqu'ils le reçoivent en temps de maladie, leur gratitude est sans bornes. Des tribus belliqueuses, qui avaient résisté à nos fusils et à nos obusiers de montagne, se sont soumises et sont restées fidèles en échange de quelques paquets de quinine. Admirable guerre que celle-là où il n'y a d'autres vaincus que l'épidémie.

Grâce à la Croix rouge, nous avons, en Tunisie, remporté une de ces bonnes victoires. La tribu des Souassi était plus que boudeuse et mécontente; elle était indocile et tout près de faire parler la poudre; on la surveillait, car son agression eût été à redouter si, à ce moment même, elle n'avait été décimée par la fièvre. Un médecin-major partit en reconnaissance, n'ayant d'autres armes que du sulfate de quinine; il s'attaqua à l'ennemi, il combattit pour l'humanité, et il se trouva qu'il avait fait d'emblée une conquête qui, sans lui, eût peut-être coûté bien du sang. C'est la quinine de la Société de secours aux blessés qui fut victorieuse, elle mit la fièvre en fuite, et, du coup, s'empara de toute une tribu en lui rendant la santé. C'est un peu l'histoire du lion d'Androclès. Les barbares, ainsi que nous appelons les hommes qui ont d'autres mœurs que les nôtres, résistent à la force, se révoltent contre la violence et se donnent parfois sans esprit de retour, pour reconnaître un bienfait. C'est un genre de civilisation qui en vaut bien un autre.

Du 10 mai 1881 au 9 mars 1882, c'est-à-dire en moins d'un an, le conseil central de la Société a dirigé quarante-deux expéditions d'objets sur la Tunisie, sans compter trois expéditions de matériel directement faites par les comités de Lille, de Calais et de Bordeaux. Ce ne sont pas seulement les campements disséminés dans la Régence, les ambulances temporaires établies çà et là pour recueillir les malades et les blessés qui profitèrent de la générosité de notre Croix rouge, ce fut l'hôpital même de Tunis qui se trouva heureux de participer à ces largesses secourables, et qui les méritait, car plus d'un de nos soldats y avait trouvé un asile et des soins.

Dans cette œuvre d'expansion française qui se termina par l'établissement de notre protectorat sur la Tunisie, la Société de secours aux blessés des armées de terre et de mer eut sa part d'influence, et j'oserai dire sa part de gloire, de cette gloire pacifique, humaine et civilisatrice qui est la meilleure de toutes. Non seulement elle a aidé à soulager ceux qui souffraient, mais elle a calmé les rancunes, apaisé les ressentiments, et désarmé des projets d'insurrection en portant le salut là où l'on redoutait la guerre.

De même que, pour garantir l'Algérie de toute incursion des tribus orientales, on a dû s'emparer de Tunis, de même la possession de la Cochinchine nous a engagés à faire la conquête du Tonkin. Ce qui résultera plus tard de ce contact et de cette lutte avec la

race jaune, si nombreuse, si alerte, si apte aux
éducations rapides, sera peut-être grave pour
le monde européen ; mais ce n'est point le lieu
de discuter cette question grosse d'éventualités. Ici nous ne faisons point de politique,
nous ne nous occupons que de bienfaisance :
ce n'est pas la même chose.

Le terrain seul sur lequel nos marins et nos
soldats allaient combattre est tellement mal-
sain, si fréquemment envahi par les épidémies de choléra et de fièvres, baigné d'humi-
dités amollissantes, selon les saisons, ou brûlé
par un soleil mortel pour des hommes du
Nord, qu'il devait être plus redoutable à nos
armées que les populations que l'on voulait
soumettre. Tout dans ce pays est contraire
à nos habitudes, à notre hygiène, tout y est
hostile à notre existence ; nous nous y usons
par le fait même du séjour ; on dirait que
l'air n'y est pas fait pour nos poitrines et que
l'eau des fleuves y est un poison.

Contre ces conditions rebelles il fallait lutter, et la Société de secours s'empressa. Elle

14

s'offrit au ministère de la marine; elle sollicita l'honneur d'être autorisée, comme elle
l'avait été en Tunisie, « à faire des envois de
diverse nature, particulièrement de ces objets
extraréglementaires, de ces douceurs et de ces
éléments de distraction, qu'il entre si bien
dans la mission de l'œuvre de la Croix rouge
d'ajouter au régime de l'ambulance[1]. » Le
ministre accepta les propositions de la Société,
qui déjà s'était assurée d'un représentant à
Saïgon, et qui trouvait au port d'embarque-
ment, dans le comité de Toulon, un auxiliaire
intelligent et dévoué.

Le ministre de la marine accrédita la Société
de secours auprès du gouverneur de la Cochinchine, auprès du général commandant le corps
expéditionnaire, qui furent chargés de recevoir les dons et de les répartir dans les meilleures conditions possibles. Les transports de
France au Tonkin s'effectuèrent avec régu-

---

1. *Compte rendu des opérations de la Société pendant
l'année* 1883, présenté au nom du conseil, le 20 mai 1884,
par M. le duc de Nemours, président, p. 7.

larité : les colis, frappés d'une étiquette uniforme, adressés au vice-amiral commandant en chef le cinquième arrondissement maritime, à Toulon, étaient embarqués sur les navires de l'État et transférés à destination.

Une fois arrivés à Saïgon, à Hanoï, il était difficile de les suivre au milieu des convois qui devaient les distribuer dans les ambulances ou dans les hôpitaux improvisés. Des malades, des blessés ramenés en France, ont raconté que bien des cigares, bien des paquets de tabac, bien des bouteilles de rhum et de vin s'était égarés et n'avaient jamais été remis aux convalescents qui les attendaient. Le fait n'a rien d'improbable; il y a loin de Paris à Lang-Son ou à Tuyen-Quan; les routes ne sont pas sûres, les objets passent par bien des mains, les soldats en campagne ne sont pas toujours scrupuleux et les cantiniers excellent à acquérir sans bourse délier, au détriment du voyageur, des bouteilles de vin qu'ils revendent à celui-ci plus cher qu'elles n'ont primitivement coûté : j'en ai fait jadis l'expérience en Algérie, au camp des Oliviers.

J'imagine que ces petites aventures n'ont point été rares au Tonkin; les colis de la Croix rouge ont dû tenter bien des gosiers altérés et bien des lèvres privées de tabac depuis longtemps. Ne soyons pas trop sévères. Dans ces contrées impitoyables, le soldat souffre de tant de façons qu'il peut être considéré comme un malade; dès lors il a quelque droit de prise sur les envois de la Société de secours aux blessés.

Ces larcins qui, à proprement parler, ne sont que des filouteries, ont cela de grave qu'ils portent préjudice aux ambulances. Ailleurs qu'au Tonkin et dans une guerre où les armées françaises n'étaient point engagées, des désordres considérables se produisirent. Les diverses Sociétés européennes de la Croix rouge s'en émurent, et, au congrès de Carlsruhe, en 1887, on agita la question de savoir s'il ne convenait pas de faire convoyer par des agents spéciaux les expéditions de matériel faites par les comités de secours. La question a été posée, discutée; je ne crois pas qu'elle ait été résolue.

Quoi qu'il en soit, la Croix rouge française a fait son devoir en créant des dépôts en Cochinchine, au Tonkin, en Annam, au Cambodge et à Formose. Nos matelots, nos soldats l'ont bénie; ils savent que sans elle plus d'un qui a revu le pays serait resté là-bas dans la fosse anonyme dont on oublie jusqu'à l'emplacement. Il me semble qu'à ces longues distances et sous ces climats meurtriers, la Croix rouge, infatigable pourvoyeuse de salut, représente la patrie qui veille sur ses enfants, les soigne, les réconforte et les sauve. Ses archives seront plus tard un précieux document pour l'histoire de la bienfaisance dans la seconde moitié du dix-neuvième siècle. Puisse cette bienfaisance ne se jamais lasser et traquer le mal partout où il se manifeste!

Un *ordre général* daté de Hanoï, 3 février 1886, rend justice à notre Croix rouge; le commandant du corps expéditionnaire signale « la sympathie et la sollicitude inces-

santes de la Société française de secours aux
blessés militaires et lui donne un témoignage
public de la reconnaissance des troupes de
l'Annam et du Tonkin. » Hélas! on ne se bat-
tait pas seulement sur les bords de la rivière
Rouge et de la rivière Noire, où « les Célestes »
nous ont souvent tenu tête plus solidement
qu'on ne l'aurait supposé lorsque l'on se
souvenait de la bousculade de Palikao; on
guerroyait aussi ailleurs, à Madagascar, qui
semble avoir de tout temps exercé une sorte
d'attraction sur la France. Nous y sommes,
non sans lutte.

Y a-t-on retrouvé quelques souvenirs de
Maurice Béniowski? Celui-là ne fut pas un
aventurier vulgaire, et le seul résultat de
son invraisemblable existence sera peut-être
d'avoir fourni à Boïeldieu le sujet d'un opéra-
comique aujourd'hui oublié. Après avoir été
fait prisonnier, en Pologne, par les Russes,
lors de la guerre de 1769, après s'être évadé
de Kamtchatka, s'être presque emparé de l'île
de Formose et être venu en France, il fut

chargé d'une mission politique et militaire à
Madagascar. Il fonda une colonie à Foule-
pointe et, en 1776, il fut élu *ampascabe*, c'est-
à-dire roi de l'île. Il n'était point Polonais
pour rien ; il réunit ses sujets, les Malgaches,
les Hovas, les Seclaves, les Antavars, les
Betimsaras, et leur fit prêter serment de
fidélité à la Confédération de Bar, ce qui ne
souleva aucune difficulté pour les indigènes.
Lorsqu'il fut tué par les Français, en 1785,
il n'avait que quarante-quatre ans.

Certes, ce n'est point pour rechercher ses
restes et les vestiges de sa domination éphé-
mère, ce n'est pas non plus pour donner force
de loi à l'édit royal de 1642, qui déclarait
Madagascar dépendance de la couronne de
France, que nous avons débarqué nos troupes
aux environs de Tamarive. J'imagine que
c'est plutôt pour saisir et pour garder la rade
de Diego-Suarez, une des plus sûres du
monde. Nos matelots, nos fantassins de marine — mathurins et marsouins — n'ont
point failli au devoir ; ils ne se sont point

demandé si la cause était juste, si l'on avait
le droit de s'imposer à des populations qui
n'avaient adressé aucun appel à des éléments
étrangers ; ils ont mis au service du pays leur
bravoure et leur dévoûment; ils ont obéi
sachant qu'ils devaient obéir, et ne se sou-
ciant de rien que de bien faire leur métier de
marins et de soldats. Ils combattaient au nom
de la France : notre Croix rouge ne les
oublia pas, et ils reçurent les secours auxquels ils avaient droit.

L'agression contre le Tonkin, l'Annam,
Formose, Madagascar est désignée, dans les
procès-verbaux de la Société, sous la dénomination de campagne de l'Extrême-Orient. Or,
du 30 juin 1883 au 30 juin 1888, cette campagne a été l'objet de cent trente expéditions
de matériel, de vêtements, de vivres, de linge,
de tabac, de boissons et de livres[1]. On n'a

1. 53 expéditions ont été faites par le conseil central
de la Société de secours aux blessés et 77 par les comités
de province : Le Havre, 11; Nancy, 10; Bordeaux, 8;
Lille, 7; Marseille, 10; Toulon, 6; Cherbourg, 5; Gre
noble, 5; Châlon-sur-Saône, 2; Tourcoing, 2; Rennes,

rien omis, car à côté de 60,542 bouteilles de
vin, de 8,743 bouteilles de liqueurs alcoo-
liques, je vois figurer des moustiquaires et
des appareils à fabriquer la glace. Les envois d'argent se sont élevés à la somme
de 51,500 francs, dont une partie a été
consacrée à l'aménagement d'une petite flo-
tille appropriée au transport des blessés par
eau[1].

J'ai lu attentivement la liste des objets que
notre Croix rouge expédie à nos soldats qui
font campagne contre les Arabes, contre les
Madécasses, contre les Pavillons-Noirs; le
choix en est judicieux, mais on devine tout
de suite qu'il est limité : ces objets ne sont et
ne peuvent être qu'extraréglementaires. Or,
parmi les effets « d'ordonnance » adoptés par
le ministère de la guerre, uniformément re-
produits sur un modèle déterminé, il en est
un que la Société de secours n'a pas le droit

Montpellier, Toulouse, Pau, Oran, Troyes, Lorient, Calais, Hazebrouck, Blois, Montauban, chacun 1.

1. Voir Pièces justificatives, n° 6.

de distribuer; je m'en afflige, car il serait
pour nos soldats un bienfait sans pareil : je
veux parler de la chaussure.

De grands progrès ont été accomplis dans
nos armées sous le rapport de l'équipement;
le vêtement est supérieur à celui d'autrefois;
il est ample et commode, c'est un costume de
combat et non plus un costume de parade,
comme il y a une vingtaine d'années. L'armement, dit-on, est parfait et redoutable; la
coiffure légère a remplacé avantageusement
les schakos massifs, les bonnets à poil absur-
des, qui produisaient peut-être bonne impres-
sion dans une revue, mais qui chargeaient
inutilement le soldat, l'alourdissaient et le
protégeaient peu. Tout cela est bien, et il faut
louer; mais la chaussure reste ce qu'elle
était : détestable.

Je demandais un jour à un vieux brave qui
avait fait beaucoup de campagnes et qui avait
ramassé ses trois étoiles d'or sur les champs
de bataille en Algérie, en Crimée, en Italie,
quelle est l'arme la plus meurtrière; est-ce le

fusil ? est-ce le canon ? Il me répondit :
« Pour le fantassin, l'arme la plus meurtrière, c'est le soulier. » Je ne serais pas
étonné que cette boutade ne fût l'expression
de la vérité.

Au mois de mai 1859, j'étais à Suze, lorsque
la première brigade de notre avant-garde y
arriva après avoir gravi et descendu le mont
Cenis sur une route excellente. On avait beau
« battre la boiteuse », les hommes éparpillés,
appuyés sur des bâtons, se traînant, oscillaient
plutôt qu'ils ne marchaient, éclopés, écorchés
au talon, car, avant la première étape de montagne, on avait commis l'imprudence de leur
faire chausser des souliers neufs. L'état de
cette troupe désunie était si lamentable,
qu'elle n'eût été capable que de bien peu de
résistance si l'ennemi lui eût barré le chemin. A la vue de ses soldats désemparés, le
général Bouat, qui les commandait, eut un
accès de colère que termina une attaque
d'apoplexie foudroyante.

On peut offrir et donner une récompense

nationale à celui qui inventera la chaussure
du soldat, — soulier, demi-botte napolitaine,
brodequin ou botte montante ; — cette récompense, fût-elle de plusieurs millions, ne sera
jamais équivalente au service rendu. Bien
souvent en campagne le soldat manque de
chaussure et n'en souffre que plus. En Italie,
à une demande de 150,000 paires de souliers,
on répondit que l'on n'en pouvait livrer que
10,000. Je voudrais que la Société de secours
aux blessés, qui, en tant de circonstances, a
témoigné de son esprit d'initiative et de son
intelligence, mît à l'étude la question de la
chaussure du fantassin ; je voudrais qu'elle
ouvrît un concours, sous l'invocation de saint
Crépin et de saint Crépinien, d'où sortirait
peut-être le modèle rêvé, le modèle entrevu
que nul encore n'a pu réaliser.

Le prix de revient devrait être déterminé
avant toute autre condition imposée, car le
bon marché s'impose aux fournitures soldées
par l'État. Si le ministère de la guerre payait
les souliers militaires ce que nous payons nos

brodequins de chasse, les soldats auraient les pieds indemnes, mais il ferait banqueroute en peu de temps. Le problème mérite que l'on s'efforce de le résoudre, il a de quoi tenter notre Croix rouge. Dans le conseil central, il ne manque pas d'officiers glorieux qui ont porté haut le renom de nos armes ; interrogez-les : ils vous diront que, malgré la gymnastique, les exercices répétés, l'entraînement prolongé, le fond même du soldat, ce qui le fait capable de tout effort, c'est la soupe et le soulier, car la faim l'affaiblit et la blessure aux pieds le neutralise[1].

Si la Société de secours était maîtresse en cette occurrence, je crois bien savoir ce qu'elle ferait ; elle estimerait que c'est une sage économie de dépenser de l'argent à pourvoir le

---

1. On dirait que la grande préoccupation du soldat en campagne est bien moins la recherche de la gloire que la recherche du pain. Lisez *les Cahiers* du capitaine Coignet, le simple pousse-cailloux ; *la Campagne de France*, par Gœthe, l'ami des princes ; *the Autobiography of sergeant William Lawrence*, le grenadier anglais qui, de la bataille de Waterloo, ne se rappelle que la conquête d'un jambon.

soldat d'un équipement supérieur, et que
cela vaut mieux que d'avoir à payer des journées d'hôpital. Il est peu probable qu'elle soit
jamais appelée à donner son avis sur cette
question, où elle apporterait sa compassion et
sa clairvoyance; elle n'a pas du reste le temps
de chômer, car nos expéditions lointaines ne
lui ont pas épargné la besogne depuis quelques années.

Cette besogne cependant ne lui a pas suffi,
elle en a recherché une autre, plus large, plus
humaine et qui a dépassé les bornes de la
patrie. Elle s'est souvenue que la convention
de Genève était internationale et que les sociétés qui s'y rattachent revêtaient le même
caractère. Elle a pensé qu'elle se devait à ceux
qui souffrent des maux de la guerre, même
lorsque la guerre, inique en son principe, a
été provoquée par eux. Elle a sagement agi.
Elle n'a pas oublié qu'en nos heures de détresse l'Angleterre était venue à notre aide et
elle lui en a témoigné sa gratitude.

Au mois de novembre 1849, j'étais à Alexandrie, en visite chez le colonel Gallis, qui entourait la ville de fortifications. Il parlait de ses travaux avec maussaderie et disait : « Tout ce que je fais là sera pour les Anglais. » Il avait vu juste. L'Angleterre ayant pris l'Indoustan pour garantir ses possessions du Bengale devait s'emparer de l'Égypte, devenue la route de la mer Rouge par le percement de l'isthme de Suez, afin de mieux assurer la sécurité des Indes; il lui convenait de ne laisser à personne la clef de sa maison, et elle l'a mise dans sa poche.

Pour parvenir à ce résultat, l'action diplomatique ne fut point compliquée. On bombarda Alexandrie, ce qui fut une abomination; on livra un semblant de bataille à Tell-el-Kébir, et le tour fut joué. On se rendit maître, sans grand péril, de la terre des Pharaons, des Ptolémées et des khalifes; la vieille Isis prit rang parmi les divinités anglaises; cela n'empêcha pas Gordon d'être massacré à Khartoum, car la tardive expédition qui avait reçu mission de le délivrer échoua plus piteusement encore qu'elle n'avait été menée.

La Croix rouge française se mit donc à la disposition de la Croix rouge d'Angleterre et lui proposa ses services; la réponse fut courtoise; la campagne avait été si rapide et si peu meurtrière, que la Société de secours de Londres n'avait eu qu'à envoyer un petit nombre d'infirmiers en Égypte; néanmoins quelques bouteilles de vin de Bordeaux seraient reçues avec plaisir par les soldats de la Grande-Bretagne déjà rapatriés et soignés à l'hospice de Netley. Au lieu de quelques bouteilles, on chargea le comité de la Gironde d'expédier à destination des caisses de vin de choix. Ceci n'était en quelque sorte qu'un échange de bons procédés; le comité de Marseille eut une tâche plus lourde.

Il recueillit les réfugiés qui, échappés d'Alexandrie après le bombardement, étaient venus demander asile à la France. Il fallut pourvoir à tout, vêtir, nourrir, abriter ces infortunés. Beaucoup d'entre eux, désespérés

d'une ruine imméritée, harassés d'émotions,
vaincus par les privations, étaient malades ;
tout de suite on disposa pour eux une ambulance de cinquante lits, qui bientôt fut insuffisante ; on en ouvrit une seconde de soixante-
dix lits ; l'hospitalité y fut généreuse et large,
car elle se chiffra par 5,575 journées d'infirmerie. Le président du comité avait réuni les
dames de Marseille adhérentes à la Croix
rouge ; il n'eut pas à leur indiquer leur
devoir : elles furent admirables.

Ce n'est pas seulement dans la guerre anglo-
égyptienne que notre Croix rouge est inter-
venue comme une sœur de charité qui s'empresse là où l'on souffre. Je l'aperçois en
Bulgarie, en Serbie ; je la vois au pied des
Balkans, offrant ses dons aux Russes comme
aux Turcs, fidèle à son mandat et ne négli-
geant aucune occasion de l'exercer. En agissant ainsi, elle est bien de notre pays. Partout
où il y a du bien à faire, il est naturel que la
France y soit ; j'estime également — quoique
le dieu Mars me fasse horreur — qu'elle

était dans l'exercice de sa mission à Navarin, pour délivrer la Grèce ; à Anvers, pour compléter la Belgique ; à Solferino, pour rendre l'Italie à elle-même. N'est-elle pas, tout entière et toujours, une Société de secours aux blessés ?

CHAPITRE VIII

LES DÉLÉGATIONS RÉGIONALES

Réorganisation de la Société de secours aux blessés après la guerre franco-allemande. — Décret constitutif. — Organisation de la Société modelée sur l'organisation de l'armée. — Dix-huit commandements militaires, dix-huit délégations de la Croix rouge. — La Société de secours aux blessés soumise aux lois militaires. — Il faut s'associer à la vie du soldat. — Importance des présidents de délégation. — Le marquis de Forbin d'Oppède. — L'enquête charitable. — Canalisation de la bienfaisance. — Le secours développé parallèlement à la destruction. — Décret portant règlement sur le service de santé des armées en campagne. — La Croix rouge chargée du service de l'arrière. — Le plan figuratif. — Les hôpitaux auxiliaires. — Les évacuations de blessés. — En cas de nécessité, appel en première ligne au service de l'avant. — Les brancardiers supplémentaires. — La cavalerie n'a pas de brancardiers. — Problème à résoudre. — Mobilisation du 17ᵉ corps d'armée. — La Croix rouge condamnée à un rôle secondaire. — L'État et la Croix rouge. — Intervention du ministère de la guerre en certains cas. — Les cadres de l'armée de la Croix rouge.

Au milieu de ses différents travaux, tout en accordant des allocations renouvelables aux

impotents, aux veuves, aux orphelins de la
guerre franco-allemande, tout en regardant
au delà des mers, afin de donner aide à nos
soldats conduits à de lointaines aventures, la
Société de secours aux blessés poursuivait
avec persistance sa réorganisation, que, toutes
proportions gardées, elle voulait rendre et
qu'elle a rendue analogue à celle de l'armée
française. Il fallait ne plus être surpris,
comme en 1870, ni faire de nouveau l'expérience que le bon vouloir et la charité sans
limite ne peuvent, pour les services hospitaliers militaires, tenir lieu d'expérience, de règlements et de préparation réfléchie.

Afin d'établir utilement ses divisions et ses
subdivisions qui, en temps de guerre, peuvent
avoir une importance capitale, la Société de
secours n'avait rien de mieux à faire que de
se modeler sur l'armée elle-même ; car là où
sont nos soldats, elle doit être, avec un personnel et un matériel en rapport avec le nombre
des troupes. Non loin des canons doivent
apparaître les ambulances ; le pansement doit

toujours être à portée de la blessure. Je me figure la Croix rouge comme un pompier qui escorte des matières inflammables : que le feu éclate ou n'éclate pas, la pompe est gréée et prête à fonctionner.

La question était grave, car, selon le sens dans lequel elle serait résolue, il en pouvait résulter de grands bienfaits ou de grands inconvénients. On discuta avec sagesse ; toutes les éventualités furent successivement examinées, et l'on détermina un programme qui ne pouvait, naturellement, recevoir exécution qu'après avoir été approuvé par les autorités compétentes, c'est-à-dire par le ministre de la guerre et par le ministre de la marine. Des pourparlers furent engagés qui durèrent longtemps ; les premières conférences me semblent dater de 1877, et c'est seulement le 3 juillet 1884[1] qu'elles aboutissent au décret signé

1. Le décret du 3 juillet 1884 avait été précédé d'un décret, daté du 3 juin 1878, dont il reproduit les dispositions. Il est à remarquer cependant que le décret de 1878 admettait, — à titre exceptionnel, il est vrai, — la

E. Campenon, E. Peyron, J. Grévy, « portant règlement pour le fonctionnement de la Société de secours aux blessés militaires ».

Les prescriptions du décret sont libérales ; elles laissent la Société se mouvoir dans d'assez larges limites, mais elles la rattachent hiérarchiquement à l'autorité militaire, ce qui était indispensable pour éviter toute confusion. Ce décret donne gain de cause à la Croix rouge sur le fait primordial de son organisation. En France, la Société, représentée par ses comités, se divise en autant de régions qu'il y a de corps d'armée : dix-huit corps d'armée, dix-huit délégations régionales ; en outre, et ceci est très important, elle est autorisée à se faire représenter auprès du commandant en chef de chaque corps d'armée, auprès de chaque préfet maritime, par un délégué du comité de la région. Elle a sa place déterminée, son intervention reconnue, ses relations officielles dans l'armée française, ce qui lui

Croix rouge sur le champ de bataille ; le décret de 1884 l'en écarte absolument. (Voir Pièces justificatives, n° 7).

constitue des fonctions parallèles, mais extérieures, à celles du service de santé militaire.

Donc, même en temps de paix, elle est considérée comme une institution de guerre ; ell appartient en quelque sorte à l'État, malgré son initiative individuelle ; elle est une force sur laquelle et avec laquelle on compte ; l'assimilation est complète ; l'article 7 du décret ne laisse aucun doute à cet égard : « Le personnel de la Société de secours, lorsqu'il est employé aux armées, est soumis aux lois et règlements militaires. Il est justiciable des tribunaux militaires par application des articles 62 et 75 du code de justice militaire. » En somme, la Croix rouge est à l'ensemble du service de santé ce que la réserve est aux troupes en ligne ; elle est un corps hiérarchisé, dont l'intervention peut fixer la victoire ; or la victoire qu'elle cherche et sait obtenir est le contraire de celle que remporte la violence.

Chacune des délégations régionales, correspondantes à la distribution des corps d'armée

sur le territoire français, est munie d'un matériel qui offre un spécimen complet de l'outillage de notre Croix rouge. C'est une sorte
d'exposition provinciale et permanente des
modèles d'infirmerie militaire, depuis les
brancards, les tentes d'ambulance, les voitures de transport, les fourgons de cuisine,
jusqu'à la boîte de chirurgie, jusqu'au sifflet
à l'aide duquel le soldat blessé peut attirer
l'attention des brancardiers parcourant le
champ de bataille. Si, aux jours des grandes
manœuvres, les délégués de la Société de
secours sont autorisés par les commandants
en chef à mettre leur ambulance en mouvement et à suivre le quartier général, cela n'en
vaudra que mieux ; je ne cesserai de le répéter,
car cette éducation pratique est supérieure
à toutes les théories développées dans des
salles de conférences.

Vivre de la vie du soldat, en partager les
fatigues, en apprécier les périls, c'est accroître
sa propre commisération et apprendre à quel
degré de dévoûment doit s'élever le « frère de

charité » qui portera le brassard de Genève.
Le soldat lui-même ne sera-t-il pas plus ferme
à la lutte lorsqu'il saura que le brancardier,
l'infirmier, le chirurgien sont là, non loin de
lui, prêts à le ramasser, à le recueillir, à le
panser? Il est bon d'apprendre au soldat à
faire le sacrifice de son existence, mais il est
également bon de lui faire savoir que rien ne
sera négligé pour la lui conserver, si elle n'est
pas anéantie du premier coup.

Le rôle des présidents de délégations régionales est important. Quoique rattachés au
conseil central siégeant à Paris, ils ont une
initiative qui peut s'exercer d'une façon pré-
pondérante. Tant vaut l'homme, tant vaut la
fonction. Si le cœur est ardent et l'intelligence
ouverte, il est facile de parvenir, en peu de
temps, à créer une organisation qui est bien
près d'être irréprochable. L'exemple a été
donné ; on n'a eu qu'à s'y conformer.

Le marquis de Forbin d'Oppède, président
de la quinzième délégation régionale, chargée
de veiller sur le territoire occupé par le

quinzième corps d'armée[1], a fondé dans chacun des départements dont se compose sa circonscription, — j'allais dire sa juridiction
sanitaire, — un comité; dans chacun des can-
tons du département, il a institué un correspondant, choisi parmi les notables personnes.
Les correspondants cantonaux transmettent les
observations et les demandes au comité départemental, qui en donne connaissance au président de la délégation, lequel en réfère au
conseil central. C'est l'organisation même de
l'enquête charitable et, par conséquent, de la
distribution des secours. « Par ce mécanisme,
a dit le duc de Nemours dans un de ses rapports, il n'est pas de hameau où notre œuvre
ne puisse être appelée à soulager une misère,
pas une partie de la France où elle ne ré-
pande, avec les preuves de notre action pendant la paix, les principes de charité dont la
Croix rouge est le symbole. »

Au premier appel de guerre, les correspon-

1. Bouches-du-Rhône, Alpes-Maritimes, Var, Basses-
Alpes, Vaucluse, Ardèche, Gard, Corse.

dants de canton réunissent les objets recueillis dans les communes et les adressent au chef-lieu de la délégation, d'où ils sont dirigés selon les instructions émanant du conseil central. On a ainsi créé un système de canalisation bienfaisante par lequel le plus petit village est en relation directe avec Paris, où sont les magasins généraux, la réserve du matériel, la caisse et le moteur qui donne l'impulsion à tous les adhérents de la Croix rouge. Existe-t-il encore une seule bourgade de France qui n'ait entendu parler de la Société de secours aux blessés? Je ne le crois pas.

Dans l'état actuel de la civilisation, qui semble être l'étude des moyens les plus propres à employer pour procéder scientifiquement à une boucherie générale, le plus impérieux devoir d'un peuple est de se préparer à la guerre, s'il ne veut être écrasé dès la première rencontre. Dans les divers pays d'Europe on y songe, on s'y applique; l'art de tuer fait tous les jours des découvertes dont l'homme s'enorgueillit et dont l'humanité se lamente. Les anciennes méthodes ont été renouvelées, car elles n'étaient plus en rapport avec les progrès modernes, c'est-à-dire qu'elles n'étaient pas assez meurtrières : aux prochaines batailles, les survivants seront moins nombreux que les morts; l'ange exterminateur passera sur les armées, la vieille Bellone battra des mains et rira de joie en comptant les monceaux de cadavres.

Les moyens sanitaires destinés à réparer une partie du mal ont donc été augmentés dans une certaine proportion, mais dans une proportion qui, je le crains bien, restera inférieure à celle de la destruction. Là aussi les règlements en usage ont été jugés insuffisants; ils l'étaient depuis longtemps, nous l'avons démontré plus haut en parlant des campagnes de Crimée et d'Italie; mais il a fallu le désastre de 1870-1871, il a fallu le service militaire obligatoire, pour briser la routine et donner aux éléments de salut une partie de l'ampleur qu'ils auraient dû toujours avoir.

Treize ans après la signature du traité de

Francfort, le 25 août 1884, on promulgue le « décret portant règlement sur le service de santé des armées en campagne ». C'est l'abrogation du règlement du 4 avril 1867, qui n'était plus en rapport avec les principes posés par la loi du 16 mars 1882 sur l'administration de l'armée. Dans ce nouveau règlement, une large part est faite à la Société de secours aux blessés; elle n'arrive, il est vrai, qu'en seconde ligne, mais on peut dire que c'est à ses soins qu'est confié tout blessé évacué du champ de bataille.

Un croquis « figuratif du service de santé en campagne[1] » explique et détermine le rôle réservé à la Croix rouge de France. Les chirurgiens militaires sont chargés du « service de l'avant »; ils sont au combat, ou tout au moins sur le terrain de la lutte. Les dispositions sont ingénieuses, elles semblent avoir tout prévu et être appelées à être d'une utilité irréprochable,

1. Ministère de la guerre : *Règlement sur le service de l'armée*, deuxième partie. — *Service de santé en campagne*. Paris, L. Baudoin, 1884, p. 3.

si le mouvement des batailles ne vient pas les déranger.

Immédiatement derrière les troupes engagées, représentées sur le plan par deux divisions d'infanterie et une brigade de cavalerie, sont établis les postes de secours régimentaires; au-dessous, à portée de communication facile, trois ambulances, dont une réservée pour la cavalerie; plus bas et assez près, on établit la grande ambulance du quartier général. Ces postes et ces ambulances sont en contact avec l'armée qui est au feu; entre eux et elle, le va-et-vient doit être perpétuel si le service des brancardiers a été bien organisé et s'il est fait par des hommes dévoués. A distance, encore près du champ de bataille, mais assez loin pour n'être pas sous la trajectoire des projectiles, ni être exposés à des « houzardailles », je vois quatre hôpitaux de campagne qui peuvent communiquer facilement avec un hôpital « à destination spéciale » et avec un hôpital d'évacuation.

C'est là que se trouve « la tête d'étapes de

route » ; c'est aussi « la limite de la zone du directeur des étapes ». C'est-à-dire, si je ne me trompe, c'est là que s'arrête, théoriquement du moins, l'action du service de santé militaire ; au-dessous de cette zone, le champ appartient aux hôpitaux auxiliaires, ce qui, en langage officiel, signifie à l'hospitalité de la Société de secours aux blessés : c'est elle qui a charge des infirmeries de gare et des baraquements rapidement construits, où elle a rangé ses lits, 200 au plus, 20 au moins. (Art. 157 du règlement.)

Entre les hôpitaux de campagne fonctionnant derrière les ambulances de combat et les maisons hospitalières des villes situées loin du théâtre des hostilités, la Société formera une chaîne ininterrompue de secours ; si une bataille avait lieu sous Lille et que des blessés fussent évacués sur Nice ou Perpignan, ils trouveraient la Croix rouge, de station en station, prête à les réconforter et, s'il le fallait, prête à les recueillir et à les héberger. Il suffirait aux présidents des délégations régionales d'avertir les comités de villes, pour que ceux-ci fussent à leur poste avec des vivres, des médicaments, les médecins et les infirmières qui se gêneraient peu pour apporter les « douceurs » chères aux malades.

Les hôpitaux auxiliaires organisés par la Société seront-ils toujours astreints au « service de l'arrière », et ne seront-ils jamais employés au « service de l'avant » ? J'en doute, et telle circonstance se présentera qui, malgré le décret de 1884, les mettra directement en contact avec les troupes engagées. On semble avoir prévu l'éventualité, car il est dit à l'article 157 du règlement : « Ces hôpitaux peuvent être employés à relever les hôpitaux de campagne, et ils fonctionnent alors dans les mêmes conditions que ces derniers. » Or je lis dans l'article 90 : « En cas d'engagement meurtrier, ou lorsque le front de bataille est très étendu, des hôpitaux de campagne peuvent être placés de façon à recevoir des blessés apportés directement des postes de secours sans passer par les ambulances. » J'en conclus que, dans certains cas qui se présenteront fréquemment à la guerre, la Société de secours ne sera pas seulement à la peine, mais qu'elle sera aussi à l'honneur.

Ce ne sera pas le seul emprunt qui sera fait à notre Croix rouge sur les champs de bataille. Les brancardiers militaires sont-ils en nombre suffisant? Cinquante-deux pour les régiments d'infanterie, dix-sept pour les bataillons de chasseurs à pied, dix-sept pour les groupes d'artillerie divisionnaire, neuf pour le groupe des batteries de corps. Et la cavalerie? elle n'a point de brancardiers; qui pourrait la suivre et en ramasser les blessés lorsqu'elle charge? « Le transport des blessés y est assuré par des voitures légères d'ambulance. » (Art. 34.) J'imagine que l'on ne compte pas trop sur l'intervention de ces « voitures légères », car l'article 68 dit : « Lorsque les corps de cavalerie combattent avec l'infanterie, leurs blessés sont recueillis et soignés par le personnel attaché aux corps d'infanterie. Lorsqu'ils opèrent isolément, leurs blessés sont recueillis

16

par les ambulances ou dirigés en arrière par les soins des médecins des corps; en cas de nécessité, ils sont remis aux municipalités, qui en assurent le traitement. » C'est fort bien, et j'ai confiance dans les municipalités; mais qui conduira ces malheureux à l'ambulance ou à la mairie de la commune voisine? car la guerre fait toujours naître « le cas de nécessité ».

Voilà encore un sujet d'étude propre à éveiller l'émulation : comment relever promptement et transporter hors du terrain de combat les cavaliers blessés? Je crois qu'en un jour de bataille, et pour les seuls fantassins, on ne tarderait pas à constater que des brancards supplémentaires ne seraient point superflus. On n'aura pas à chercher longtemps pour les découvrir; la Société offrira ses brancardiers, qui s'empresseront, et si elle désigne un délégué pour les précéder et les guider, nul n'en sera surpris; mais il y aura rivalité parmi les concurrents pour ce poste d'avant-garde.

Lors de la mobilisation du 17ᵉ corps d'armée

(septembre 1887), le comité de la dix-septième délégation avait ouvert une infirmerie de gare à Toulouse dans l'espoir de l'utiliser. Un ordre fort inattendu, expédié de Paris au dernier moment, lui prescrivit de la fermer. Le comité fut contraint de modérer son zèle et se contenta de parer au service d'évacuation et d'établir une buvette de ravitaillement. La Croix rouge n'en fit pas moins œuvre recommandable; car, par ses soins, sur deux cent dix soldats malades arrivés à Toulouse du 1er au 10 septembre, cent cinquante ont été conduits à l'hôpital, et soixante, continuant leur route, après avoir été réconfortés, ont été évacués sur leurs dépôts respectifs.

Autant que l'on peut comparer la période de guerre à la période de paix, cette expérience trop restreinte a été concluante, et le docteur Naudin, qui la dirigeait, en a été satisfait. Elle est de bon augure; mais elle devrait être étendue et souvent renouvelée, afin de permettre au personnel de la Croix rouge d'acquérir l'aplomb, l'adresse, la rapidité dont il

n'aura que trop besoin lors des grandes pous-
sées produites par l'entrée des armées en
campagne et par l'encombrement inévitable
qui résulte du mouvement des troupes aux
jours de bataille.

Le matériel employé à Toulouse pour les
évacuations appartenait exclusivement à la
Société de secours aux blessés ; il doit en être
ainsi dans les établissements qu'elle crée.
Cependant on a prévu les cas d'urgence dans
lesquels l'administration de la guerre peut prêter à la Société une partie du matériel indispensable à l'aménagement des hôpitaux ou des
ambulances ; la Société est alors responsable
des objets qu'on lui a confiés et dont un inventaire, dressé contradictoirement, est rédigé
en triple expédition. De même, dans les localités où elle a installé des maisons ou des
étapes hospitalières, « elle est tenue de fournir, avec ses propres ressources, les denrées
et objets de consommation nécessaires au traitement des malades. »

Dans une seule circonstance, l'administration vient à son aide : « Par exception, si la Société desservait des établissements dans une place investie où les ressources lui feraient défaut, l'administration militaire pourrait lui fournir les denrées et objets de consommation reconnus nécessaires. Ces fournitures, délivrées sur bons régulièrement établis et visés par le sous-intendant militaire, seraient effectuées contre remboursement par la Société dans la limite de ses ressources financières. » (Article 14 du règlement.)

L'État intervient en temps de guerre, régulièrement, dans une certaine mesure, pour reconnaître les services que lui rend la Société de secours. Celle-ci reçoit un franc par journée de malade traité dans ses établissements, et un franc par jour pour tout militaire évacué dans un de ses trains sanitaires ; en revanche, elle reste chargée des frais d'inhumation et de service funèbre pour chaque soldat décédé entre ses mains. De ce qui précède on doit conclure que la Société de secours aux blessés ne sera jamais aussi riche qu'il le faudrait pour remplir son devoir tel qu'elle l'envisage, c'est-à-dire avec générosité et sans modération dans le bien.

Si les expériences faites ont permis de concevoir toute espérance pour l'heure de l'action de guerre, l'émulation de la Société de secours aux blessés n'en a pas été ralentie : au contraire; notre brave Croix rouge s'en est sentie stimulée, car elle ne cesse de se perfectionner et d'augmenter son matériel; deux fois par an elle adresse un rapport au ministre de la guerre pour lui faire connaître avec précision les ressources qu'elle tient à sa disposition. Notre armée sait donc toujours sur quelle réserve sanitaire elle peut compter, et chaque corps d'armée a été à même d'apprécier l'excellence du matériel déposé près de chaque délégation régionale. Ce matériel n'est qu'un *minimum;* c'est un matériel de paix, en un mot, qui, à l'heure de la lutte, recevrait un accroissement considérable, comme le cadre d'une compagnie est complété par l'appel du contingent de guerre.

Ce matériel, on l'a divisé en quatre sections, qui correspondent aux quatre services principaux dont la Croix rouge serait chargée : 1° matériel pour évacuations voisines du champ de bataille; 2° pour évacuation par chemins de fer et par canaux; 3° pour ambulances de gare; 4° pour hôpitaux provisoires; la dépense, pour les dix-huit régions, est de 687,600 francs. Le matériel ne suffit pas; il doit être mis entre les mains de gens habiles, aptes aux fonctions de chirurgiens, de médecins, de pharmaciens, de comptables, d'infirmiers, de brancardiers instructeurs; or, pour desservir, dans les dix-huit délégations régionales, les quatre catégories d'opérations sanitaires que je viens d'énumérer, il faut le concours de 3,600 personnes ayant toutes reçu l'éducation préalable qui leur permettra d'être à la hauteur de leur mission et de ne point tromper la confiance qu'inspire leur bonne volonté.

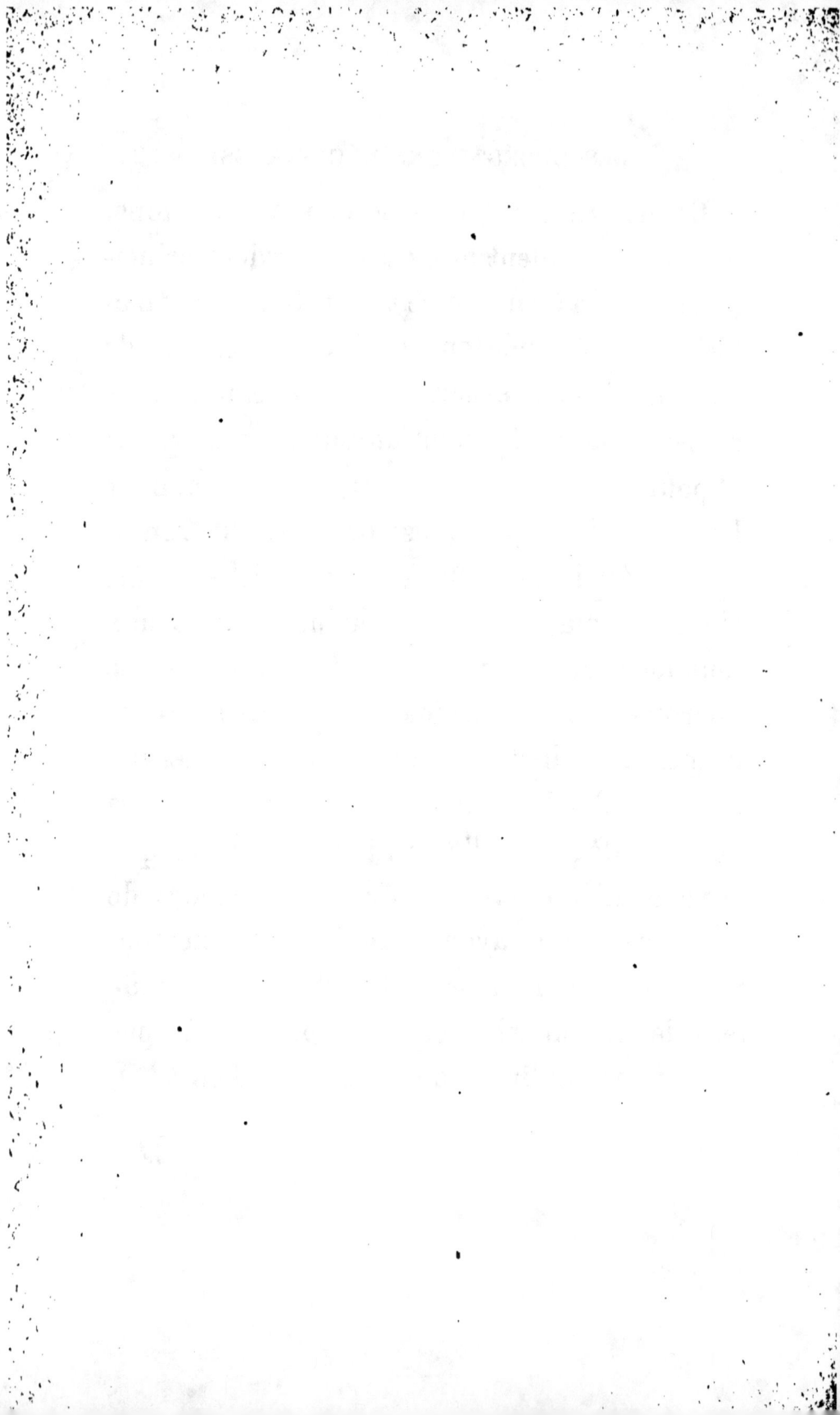

CHAPITRE IX

LE COMITÉ DES DAMES

Difficulté du recrutement normal des brancardiers. — Impossibilité d'avoir toujours en main le personnel masculin. — Les
abus ne se reproduiront pas. — Nul ne peut être employé par
la Croix rouge s'il n'a satisfait au service militaire. — Le *Manuel du brancardier*. — Livre excellent. — Les divers modes
de pansement. — Planches explicatives. — La femme est plus
libre que l'homme. — Ses loisirs consacrés à la charité. — Ouvrière d'infirmerie avant d'être infirmière. — Grande maîtresse
de la lingerie; grande maîtresse de la charité. — Quêteuse. —
La mission de la femme. — L'aumônière, insigne et invite. —
Sociétés indépendantes. — Une seule bannière suffisait. —
Hypothèse inadmissible. — Diversité d'action pour un but
unique. — En temps de guerre, toutes les sociétés divergentes
doivent être réunies à la Société de secours aux blessés.

Il est facile de faire construire des voitures
d'ambulance, d'acheter des boîtes de chirurgie
et de former ainsi un magasin de secours où
l'on n'aura qu'à puiser en cas d'alerte; mais il
est impossible d'attacher et de fixer à la Croix

rouge un personnel hospitalier qui soit toujours prêt à l'action et qui se réunisse au
premier signal, comme un bataillon se rassemble à l'appel du tambour. Les médecins,
qui, dans le courant normal de l'existence,
sont en exercice permanent auprès de leur
clientèle, représentent une troupe scientifique
que l'on pourra sans peine grouper et distribuer selon les exigences de la guerre et les
instructions du ministre. Ceux-là, on sait où
les trouver. Une lettre de service suffira pour
les diriger là où l'on aura besoin d'eux.

Pour les aides indispensables, quoique secondaires, il ne peut en être ainsi ; car, dans
la vie de tous les jours, ils n'ont pas de fonctions analogues à celle qui leur est réservée
pendant la période des hostilités ; en temps de
paix, ils n'ont point de lit d'hôpital à sur-
veiller, ils n'ont point de blessés à recueillir,
à placer sur un brancard, à transporter. La
Société de secours peut donner une instruction
sommaire aux infirmiers et aux brancardiers ;
mais lorsque les canons se taisent et que les

sabres sont au fourreau, elle ne peut les utiliser et les tenir en haleine, assemblés autour
d'elle; il en résulte que le jour où elle mettra
en mouvement le matériel des ambulances et
des hôpitaux auxiliaires, elle devra le faire
accompagner par des recrues qui seront obli-
gées de s'initier à un service dont elles igno-
reront les détails et l'importance.

C'est là l'inconvénient qui frappe toute
société secourable organisée en vue d'une circonstance spéciale, lorsque cette circonstance
ne se produit pas. Malgré les améliorations
incessamment apportées à la construction,
souvent fort dispendieuse, du matériel supérieur de l'œuvre, celle-ci restera toujours
impuissante à maintenir en permanence, sous
sa direction immédiate, un personnel composé de volontaires qui est dans la nécessité
de pourvoir aux besoins de l'existence, et pour
lequel toute perte de temps est un sacrifice
que, sous peine de ruine, la caisse de la Société ne peut compenser.

Au jour du péril, les infirmiers ne man-

queront pas, ni les brancardiers non plus;
on n'aura que l'embarras du choix de ceux
qui demanderont à se joindre aux frères de
la Doctrine chrétienne; il en viendra par humanité plus que l'on n'en voudra, et aussi
pour des causes sur lesquelles il vaut mieux
ne pas s'appesantir. On peut être certain
du moins que les abus signalés pendant la
guerre de 1870-1871 ne se renouvelleront
plus. Le décret du 3 juillet 1883 y a mis
ordre dans l'article 4 : « Nul ne peut être employé par la Société de secours s'il n'est Français ou naturalisé Français, et s'il n'est dégagé de toutes les obligations imposées par
la loi du 27 juillet 1872 sur le recrutement
de l'armée, et par la loi du 3 brumaire an ıv
sur l'inscription maritime; » en d'autres
termes, s'il n'a épuisé les différents modes
du service militaire que tout Français doit
actuellement à son pays.

Pour obvier, dans une certaine mesure, aux
inconvénients que je viens d'indiquer et qui
ont préoccupé les sociétés de la Croix rouge en

Europe, on distribue aux hommes sur lesquels on est en droit de compter lorsqu'il s'agira d'aller prendre le « service de santé de l'armée », un livre publié par l'initiative du comité de Nancy, comité de frontière qui se tient prêt à tout événement. C'est un *Manuel du brancardier*[1], qui est la propriété de la Société de secours.

Je l'ai lu avec une extrême attention, et j'estime qu'il est excellent. Il me paraît impossible de réunir en 194 pages in-16 plus de notions meilleures, à la fois très précises, très claires, sans pédantisme, à la portée de toutes les intelligences et aptes à faire un brancardier modèle de celui qui s'en sera pénétré. Les gravures ont la valeur explicative d'un plan d'architecture; on n'a rien sacrifié au pittoresque, on n'a cherché que l'exactitude, une exactitude que l'on peut qualifier

1. *Manuel du brancardier*, par le docteur F. Gros, professeur à la Faculté de médecine, membre du comité, avec 92 *dessins originaux, dont 23 tirés hors texte*, par E. Auguin, ingénieur des mines, membre du comité. Nancy, au siège du comité, 1884.

de scientifique, et on l'a saisie. Dans ce petit volume pratique, on apprend bien des choses. Pour me servir d'une expression de troupier, je dirai qu'il est avant tout « débrouillard »; il enseigne à utiliser les pièces de l'équipement même du blessé pour lui venir en aide.

Après avoir lu les explications du docteur Gros et regardé les planches de M. Auguin, on saura se servir du ceinturon, des bricoles du sac pour faire un pansement; employer le sabre, les piquets de tente pour remplacer des attelles; on saura construire un brancard avec deux fusils reliés à distance par leurs bretelles disposées en double croix. Je ne parle pas du mouchoir ni de la cravate, ni de la ceinture de laine, ni de la capote, qui, pliés de certaines manières, se prêtent à des combinaisons où le soldat blessé trouvera du soulagement.

C'est plus que le manuel, c'est le code du brancardier, et j'entends du brancardier apte à reconnaître une blessure, expert à un premier pansement, adroit et habile au transport.

Si jamais on établit des examens pour les candidats aux honneurs du brancard de guerre, ce livre en sera le programme. Je ne doute pas qu'il n'ait été lu et médité par les douze cents brancardiers-infirmiers qu'un engagement volontaire rattache actuellement à la Société de secours, mais dont le nombre serait plus qu'insuffisant si l'ère des batailles s'ouvrait encore.

Les femmes, — la plupart du moins de celles qui, s'étant données à la Croix rouge de France, sont prêtes à la suivre, — échappent aux nécessités imposées à l'homme. Elles ne sont qu'exceptionnellement astreintes à ces fonctions rétribuées d'où dépend le pain quotidien. Surveillance de ménage et de famille, devoirs du monde, réunions de plaisir, cela n'exige ni un travail assidu ni une distribution de temps dont on ne peut rien distraire. Chez la femme la plus mondaine et la plus « répandue », chez la femme la plus sédentaire et la mieux consacrée aux soins de la maison, il reste toujours une part de loisir assez considérable, et cette part on la consacre à la Société de secours, qui en profite et en fera profiter les blessés.

Dans les heures de solitude, qui ne sont pas rares au cours de la journée, lorsque les enfants prennent leurs leçons et que le mari est hors du logis pour ses affaires, le soir, autour de la table éclairée par la lampe, il est si doux de travailler pour les malheureux, il est si facile de montrer l'agilité de la main en taillant les bandes, en coupant les compresses, en ourlant les serviettes à pansement, et même en tricotant le gilet de laine que le convalescent sera heureux d'endosser à la sortie de l'hôpital. J'ai vu plusieurs femmes, et c'étaient de grandes dames, — comme Buridan disait dans *la Tour de Nesle*, — qui se réunissaient pour coudre la grosse toile, dure à leurs doigts délicats, la toile revêche des draps destinés aux couchettes des ambulances.

Par ce travail de lingerie qui, peu à peu, accumule des richesses où les victimes de la guerre trouveront l'apaisement et le bien-être corporel, la femme est en relation constante avec la Croix rouge; elle en est la pourvoyeuse et l'économe, elle en est la perpétuelle bienfaitrice. Plus tard, lorsqu'elle prendra son poste d'infirmière aux chevets sanglants, peutêtre retrouvera-t-elle avec émotion les pièces de pansement qu'elle aura confectionnées elle-même et qui lui rappelleront les heures paisibles employées à préparer les instruments de salut que sa charité utilise. Elle aura été ouvrière d'infirmerie avant d'être infirmière, avant de faire la correspondance du pauvre soldat dont elle aura à prendre soin et qui voudra recevoir des nouvelles du « pays ».

Cette triple obligation, dont l'une est incessante et à laquelle la paix n'enlève rien de son importance, est réservée aux femmes de la Croix rouge. On le leur a expressément dit, au mois d'avril 1883, lorsque l'on a procédé à la réorganisation du comité des dames, où brillent les plus grands noms de la marine et de l'armée françaises[1]. Dans un règlement rédigé

1. Voir Pièces justificatives, n° 8.

pour elles, on leur trace leur ligne de conduite aux temps de la paix et de la guerre. En accomplissant les devoirs qui leur sont offerts, elles se seront associées à l'œuvre et lui auront apporté le plus précieux des concours, celui du cœur et du dévoûment.

Grandes maîtresses de la lingerie pendant la paix, grandes maîtresses de la charité pendant la guerre, elles n'ont point accompli toute leur mission. Une part d'action, la plus fructueuse, la plus importante, leur incombe encore. Je vois en elles des agents de propagande d'une puissance irrésistible. La plupart d'entre elles sont sœurs de bienfaisance, elles quêtent pour les indigents, elles visitent les malades et pourvoient aux orphelins. Elles savent comment l'on remue la torpeur des indifférents, comment l'on ouvre les bourses closes, comment l'on entre-bâille les coffres-forts égoïstes.

Si elles parlent au nom du petit soldat qui a tant marché pour rejoindre l'ennemi, qui a si durement peiné sous le poids du fourniment au long des étapes, qui a dormi sur la terre nue,

qui s'est battu le ventre creux, qui sans reculer
d'une semelle a fait face au danger, qui revient
blessé, affaibli, estropié, que n'obtiendront-
elles pas? car, parmi ceux qu'elles invoque-
ront, nul ne pourra dire qu'au jour du combat
il n'aura pas un parent ou un ami sous les
armes. Elles doivent être avant tout les quê-
teuses de la Croix rouge : « Pour les pauvres
blessés, s'il vous plaît. » Qui donc osera détourner la tête et refuser son aumône? Il est
des heures qu'il faut savoir choisir, heures
qui se présentent fréquemment dans la vie des
hommes, où l'âme est plus compatissante, où
le cœur est instinctivement attendri ; ces
heures sonnent aux jours des fêtes de famille,
des mariages, des naissances, des anniversaires. La femme, à laquelle on ne peut reprocher de manquer de finesse, saura bien les
choisir, ces heures propices, et les rendre
fécondes pour l'œuvre qu'elle a prise sous
son patronage. Toute femme de la Croix rouge
devrait porter une aumônière à la ceinture :
ce serait à la fois un insigne et une invite. Si

elle craint de se montrer indiscrète et de se heurter à un refus, qu'elle se rappelle le vieux dicton de la galanterie française : Ce que femme veut, Dieu le veut.

D'autres sociétés, je ne dirai pas rivales, encore moins hostiles, d'autres sociétés indépendantes se sont créées. Au lieu de faire cause commune, ce qui était si simple, on a voulu faire cause séparée. Pourquoi donc deux ou trois bannières? Celle de la Croix rouge de France était assez large pour abriter tous les dévoûments. L'esprit d'initiative suffisait, l'esprit de particularisme est superflu, puisque le but visé est le même. Abondance de biens ne nuit pas, on le dit et je le crois; mais, en guerre, divergence d'action peut nuire; car les efforts risquent de s'égarer et de demeurer stériles, s'ils ne convergent pas vers le même point.

Quelle cause a déterminé un certain nombre de femmes à se constituer en groupes isolés? je l'ignore. Le cœur des femmes est, il me semble, trop haut placé pour avoir été mû

par des considérations secondaires. Les questions de rang, de situation sociale, de relations de monde n'y sont pour rien, j'en suis
persuadé. Dans les communautés religieuses
de bienfaisance, les lavandières côtoient les
duchesses et les appellent : ma sœur; elles
sont égales l'une à l'autre, sous des guimpes
semblables et dans des actes pareils. La charité, comme la religion, confère l'égalité à
ceux qui la pratiquent; dans l'œuvre du bien,
on ne doit considérer que le bien; il n'y a ni
sectes ni castes : le gros sou de l'ouvrière a
autant de valeur morale et souvent plus que
le double louis de la marquise. C'est cela que
l'on ne doit jamais oublier lorsque l'on veut
participer aux bonnes œuvres; au seuil des
institutions secourables, il convient de laisser
tomber ses préjugés.

Est-ce donc la politique, l'odieuse politique,
qui a rendu divergentes des volontés animées
d'intentions secourables? Une telle hypothèse
est inadmissible. Aristocrates, démocrates, ce
sont là des dénominations vaines qui servent

peut-être à constater les habitudes d'opposi-
tion chères à notre race, mais que l'on oublie
promptement lorsque l'honneur ou le salut
de la patrie est engagé. Les anciens zouaves
pontificaux n'ont pas fait mauvaise figure
pendant la guerre franco-allemande, non plus
que les mobiles bretons, qui priaient en allant
au combat côte à côte avec les soldats répu-
blicains chantant *la Marseillaise*. Petites cha-
pelles ne valent pas une grande église, et les
tentatives disséminées restent fatalement infé-
rieures à un effort d'ensemble.

Cette sorte de rivalité établie sur le même
terrain, sur un terrain où l'action doit être
combinée si l'on veut obtenir un grand résultat, cette rivalité qui n'a rien d'inquiétant en
période de paix, aurait de graves inconvénients
à l'heure des hostilités; il n'y a pas lieu, je
crois, de s'en préoccuper, car la guerre la
ferait cesser. On rappellerait le décret de
Gambetta, et tous les groupes dissidents créés
en vue de venir en aide aux victimes des
batailles seraient rattachés hiérarchiquement

à la Société de secours aux blessés des armées
de terre et de mer. La Société elle-même, en
vertu du décret du 3 juillet 1884, serait soumise à la haute direction du ministre. De cette
façon, il y aurait unité d'action, ce qui est
indispensable à la guerre, et le secours aux
blessés en est un des plus précieux éléments.

CHAPITRE X

LE TRÉSOR DE SECOURS

L'Ariosto et Montaigne. — Toute chevalerie a disparu. — Le canon Paixhans. — Doctrine de Darwin. — Un mot de Frédéric le Grand. — La fin du monde. — Civiliser la guerre. — La convention de Genève. — La rivalité du bien. — Mystère et destruction. — Il faut montrer les progrès de la bienfaisance. — Un musée international à créer. — La Société française de secours aux blessés. — Ses progrès. — Son état actuel. — Installation des infirmeries de gare. — Locaux choisis et offerts pour les ambulances. — Action énergique des comités de province. — M. Armand Duval dans l'Ille-et-Vilaine. — M. Adolphe Dauphinot à Reims. — Le vicomte de Pelleport à Bordeaux. — Quatre-vingt-quatorze hôpitaux en formation. — Dix-huit hôpitaux prêts à fonctionner pour 6,955 blessés. — Utilité des bruits de guerre. — Notre Société de secours aux blessés est pauvre. — Le carrousel du mois d'avril 1888. — *Pro domo suâ*. — Nombre dérisoire des adhérents. — Le service militaire obligatoire implique l'obligation du secours. — Trois sous tous les deux jours, un sou tous les trois jours. — Charité au rabais. — La Croix rouge de France devrait avoir un million d'adhérents. — Prime d'assurance pour les blessés. — Toute nation doit s'empresser à l'œuvre de secours. — Les conférences internationales devraient être multipliées. — Les délégués sont des agents de pacification. — Une parole de Gœthe. — L'humanité. — « Religion inaccessible à la rivalité des églises, des nations et de la politique. » — Secourez-vous les uns les autres. — La sagesse. — Après Magenta. — Morts dans les bras l'un de l'autre. — *Sitio!* — Les Sociétés de secours aux blessés sont indestructibles. — *In hoc signo vinces!* — Au trésor de guerre opposer le trésor de secours.

Le neveu de Charlemagne, « doux empereur à la barbe fleurie », Roland, celui dont l'Arioste a conté les aventures, défit et tua Cimosque, roi de Frise, qui possédait « une arme fatale dont les anciens ni les modernes, hors lui, n'avaient même connaissance : c'est un fer creux dans lequel on met une poudre qui chasse une balle avec impétuosité ». Roland, vainqueur, s'éloigna sur un navire, et quand il fut arrivé là où l'on n'aperçoit ni rocher ni rivage, il jeta l'arme à la mer, en s'écriant : « O maudite et abominable machine qui fus forgée dans le fond des enfers, de la propre main de Belzébuth, pour être la ruine du monde, je te rends à l'enfer d'où tu es sortie. » Pauvre Arioste, que dirait-il, lui qu'un fusil à mèche indignait, et que dirait Montaigne,

1. *Roland furieux*, chant IX, str. 27-91.

qui estimait que « l'arquebuse n'est faite que
pour l'étonnement des oreilles » ?

Toute chevalerie a disparu ; aujourd'hui
c'est la science et l'industrie qui donnent la
victoire ; les hauts faits d'autrefois, les belles
luttes corps à corps, où brillait du moins le
courage personnel, ne se reproduiront jamais
en terre civilisée, l'arme blanche a fait son
temps ; on peut supprimer les baïonnettes,
elles ne serviront plus. La cruauté des moyens
de destruction actuels rendra la guerre impossible, on le dit, on le répète : n'en croyez
rien ; je connais ce paradoxe, il avait déjà
cours quand j'étais au collège.

Un général d'artillerie, nommé Paixhans,
inventa je ne sais quel canon qui lançait des
bombes ; il s'enorgueillissait, disant : « Quel
bienfait pour l'humanité ! cette arme est tellement meurtrière, que désormais les nations n'oseront plus combattre les unes
contre les autres. » Ceci se passait vers
1835. Énumérez les guerres qui depuis cette
époque ont ensanglanté le monde et, si vous

l'osez, comptez les victimes qu'elles ont faites.

Il faut en prendre son parti, l'homme sous l'influence de ses passions redevient ce qu'il a été jadis, un animal féroce ; il est agressif et la lutte est dans ses instincts. Malgré les philosophies qui tâchent de l'adoucir, malgré les religions qui lui disent : tu ne tueras pas ; malgré les souffrances endurées, les humiliations subies, malgré les deuils supportés avec désespoir, la manie de la guerre n'est pas près de disparaître. Ce ne sera pas, en tous cas, la doctrine de Darwin qui la diminuera : la théorie du combat pour l'existence et de la sélection mènent tout droit aux batailles et au despotisme.

Ils sont nombreux, à l'heure présente, ceux qui rêvent de marches, de contre-marches, de dynamite, de projectiles, d'extermination. Si on les rappelle à des sentiments d'humanité, ils sont tentés de répondre, comme Frédéric le Grand à l'intendant Séchelles : « C'est le royaume des cieux qui se gagne par la douceur, ceux de ce monde appartiennent à la force[1]. » Et cependant qui de nous n'a rêvé de paix et de fraternité universelles ? quel cœur, si endurci qu'il soit, si désillusionné, n'a battu à la pensée que les égorgements prendraient fin et que la guerre irait retrouver dans les catacombes du passé les sacrifices humains des cultes disparus ?

Je disais cela à un vieux moraliste morose qui, du haut de sa misanthropie, contemple les événements, comme Siméon le Stylite, du haut de son pilier, regardait passer les voyageurs. Il m'écouta, leva les épaules et me répondit : « Lorsqu'il n'y eut que deux hommes sur terre, l'un tua l'autre : quand il n'y en aura plus que deux, le dernier tuera l'avant-dernier et se tuera de désespoir de n'avoir plus personne à tuer. Civilisez la guerre, si vous pouvez; mais perdez l'espoir de la jamais détruire, elle est le premier besoin de l'homme. »

Civiliser la guerre, cela n'est pas facile, car

1. Cité par le duc de Broglie : *Frédéric II et Marie-Thérèse*, tome II, page 198.

elle est précisément l'inverse de la civilisation. Ce sera l'honneur de la fin du dix-neuvième siècle de l'avoir essayé, car la convention de Genève est la seule tentative sérieuse
à laquelle les peuples se soient ralliés. L'idée
émise par le docteur Palasciano, propagée
par M. Dunant, développée par M. Moynier,
a été successivement adoptée par toutes les
nations qui cherchent à se débarrasser des
barbaries primitives.

Il y a partout rivalité pour le bien ; à côté
des armées qui s'exercent à tuer selon les
règles, on voit la Croix rouge qui s'empresse
au salut selon les préceptes de l'humanité.
Elle s'élève comme un signe d'espérance derrière les armes qui tonnent comme une promesse de mort ; elle s'associe à la guerre pour
en diminuer les horreurs ; elle est à la fois
un secours et une protestation ; elle pourrait
prendre pour devise la parole de Xénophon :
« Il est plus glorieux de se signaler par des
actes de bonté que par des talents militaires ;
ceux-ci n'éclatent que par le mal que l'on fait

aux hommes, ceux-là se manifestent par le bien qu'on leur fait[1]. »

Entre la guerre et la Croix rouge, l'émulation est vive ; plus l'une s'efforce de détruire, plus l'autre s'ingénie à sauver. Le jour où je lisais dans *le Moniteur universel* (26 avril 1884) : « Des expériences d'une nouvelle matière inflammable, très utile en temps de guerre, ont eu lieu hier. Le nouveau produit, enfermé dans des cartouches et lancé à de grandes distances, propage l'incendie autour de lui avec une rapidité incroyable », je lisais dans un autre journal que l'on venait de construire des wagons d'ambulance qui assurent aux blessés un transport plus rapide et plus doux. Hélas ! la croix de Genève a beau redoubler d'efforts, elle ne pourra jamais que réparer le mal, elle est impuissante à le conjurer ; car la guerre a pour alliées toutes les formes de la mort : la maladie, le froid et la famine.

Aujourd'hui, les peuples sont à l'œuvre ;

---

1. *Cyropédie*, VIII, 4.

ils interrogent les hommes techniques, ils interrogent les savants, ils interrogent les femmes, car ils n'ignorent pas que le cœur de celles-ci est fertile en charité ; chaque jour ils réalisent quelque progrès et étendent le domaine de leur action bienfaisante. Jaloux de leur suprématie, réelle ou prétendue, ils dissimulent avec soin leurs améliorations militaires, — je ferais mieux de dire leurs péjorations, si le mot était français ; — ils mettent leurs canons sous clef, cachent leurs cartouches et déguisent leurs fusils ; ceci est nécessaire en des temps où la force matérielle prime encore la force morale et détermine, sinon la grandeur, du moins la prépondérance des nations. Mais il ne peut en être ainsi pour l'outillage qui sert à combattre la mort et souvent à la vaincre.

Tout progrès accompli dans un but humanitaire, c'est-à-dire dans le but supérieur par excellence, doit être exposé, communiqué, au besoin commenté, afin que tous en profitent. Il a été question de créer un musée des mo-

dèles adoptés dans les différentes Sociétés qui
mettent en pratique les principes de la Croix
rouge ; le projet est toujours en suspens et n'a
pas encore reçu exécution. Je le regrette. Montrer le bien que l'on peut faire, c'est propager
l'envie de faire le bien. En matière de commisération internationale, toute vanité nationale
doit s'effacer ; il serait puéril d'élever des
prétentions qui pourraient retarder l'institution d'une œuvre excellente. Si le musée des
modèles doit être établi quelque part, c'est en
pays neutre, c'est à Genève, ne serait-ce que
par reconnaissance pour la ville où fut conclue la convention qui porte et glorifie son
nom.

Lorsque ce musée sera installé, la France
s'y tiendra en bon rang ; nous sommes loin
des jours de juillet 1870, et, actuellement,
notre Société de secours aux blessés, égale à
toute autre, est supérieure à plus d'une. Aux
conférences de Genève (1883) et de Carlsruhe
(1887), elle a été accueillie avec déférence et a
reçu des témoignages d'estime qui n'ont point

été ménagés. Ses délégués, à leur retour, lui dirent la place que les questions de philantropie militaire tiennent dans les préoccupations des gouvernements et des peuples ; et ils « signalèrent, au point de vue de l'assistance du blessé, les grands efforts d'organisation que multiplie dans tous les rangs, sous le patronage des chefs d'État, le patriotisme le plus clairvoyant. Ils insistèrent sur ces progrès dans une mesure dont notre émulation n'a pas à s'alarmer, mais qui pourtant doit nous tenir en éveil, si nous avons à cœur de n'avoir que des imitateurs ou des émules sur le terrain de la charité[1]. »

Non, notre Société de secours aux blessés n'a pas à être inquiète ; elle poursuit sa mission et ne s'en laisse point détourner ; ses opérations pendant l'année 1888 sont là pour le démontrer. Les sommes distribuées en secours s'élèvent à 131,384 francs, représentant

---

1. *Compte rendu des opérations de la Société pendant l'exercice* 1887-1888, présenté au conseil par le maréchal de Mac-Mahon, pages 18 et 19.

des allocations renouvelables et des envois faits au Tonkin. L'organisation des infirmeries de gare a été continuée avec activité; sur trente-cinq points du territoire, une réserve de médicaments ou de ravitaillement est installée, prête à donner aide à des trains n'emportant pas moins de deux cents blessés; le personnel supérieur de ces infirmeries est désigné dès à présent; les médecins et les aumôniers savent qu'au premier signal ils doivent se rendre à leur poste, et ils s'y rendront. Dans les gares mêmes, à portée du convoi qui s'arrête, un local est réservé aux mandataires de la Croix rouge; ceux-ci ne manqueront pas au jour de la compassion; le clergé se promet sans réserve; un évêque a écrit : « Je veux m'inscrire au premier rang de vos infirmiers. »

La Société ne s'est pas contentée de se préparer à réconforter les blessés évacués par les chemins de fer et à les confier aux 600 médecins qui forment son état-major scientifique, elle s'est assurée, dans presque tous les dépar-

tements, de locaux où elle pourrait établir
des ambulances qui permettraient de soigner
les malades loin des champs de bataille, de
les disséminer, d'éviter l'agglomération propice aux épidémies et de les maintenir dans
des conditions hygiéniques favorables. Partout
elle a vu ses demandes accueillies avec empressement; les villas, les communautés religieuses, les écoles, les manufactures, les châteaux, loin de se refuser, se sont offerts, mus
par un sentiment de charité et aussi peut-être
par le désir de s'abriter sous la sauvegarde
de la Croix de Genève, qui garantit la neutralité des établissements hospitaliers.

Pour meubler ces maisons et les rendre
aptes à recevoir les blessés de l'avenir, on s'est
adressé à la générosité du bon peuple de
France. Actuellement on est en possession d'en-
gagements fermes qui garantissent 30,000 lits
à la première réquisition. Quelques comités
de province ont, en cette circonstance, déployé une activité que l'on ne saurait trop
proposer en exemple. Dans l'Ille-et-Vilaine,

M. Armand Duval fait souscrire des promesses pour plus de 5,000 lits ; la ville de Lyon en réunit 3,000 ; à Reims, M. Adolphe Dauphinot taxe la valeur d'une couchette de blessé à 150 francs, obtient des souscriptions pour 200, dont la moitié payée d'avance et, de ce chef, verse 30,000 francs dans la caisse de son comité.

A Bordeaux, sous l'impulsion du vicomte de Pelleport, on a fait un prodige : 94 hôpitaux, divisés en six groupes, pourront recevoir 6,955 blessés ; on s'est mis à l'œuvre : 18 hôpitaux, contenant 1,127 lits, sont déjà prêts à fonctionner sous la direction de 36 médecins ; le service religieux est assuré par suite d'une entente avec l'archevêque, ainsi qu'avec les consistoires protestants et israélites ; le personnel administratif est engagé, et 200 infirmiers, qui seront placés sous la surveillance des religieux, des sœurs de charité et des dames du comité bordelais, seront au chevet des malades aussitôt qu'on les appellera.

En vérité, si les bruits de guerre, que des

effarements ou des tripotages peu avouables
font périodiquement courir, n'avaient eu pour
résultat que de stimuler à ce point le patriotisme et l'ardeur à bien faire, il faudrait les
bénir.

La Société de secours aux blessés aurait-elle
pu donner plus d'ampleur à son œuvre et
subvenir, mieux encore qu'elle ne l'a fait, aux
nécessités qu'une guerre ferait immédiatement
surgir? La question est délicate, mais ne peut
pas être éludée. J'y répondrai avec une franchise qui me sera d'autant plus facile que nul
reproche ne peut être adressé aux comités, pas
plus à celui de Paris qu'à ceux de la province.
S'il y a faute, elle ne leur incombe pas, et ils
sont les premiers à en souffrir. L'abnégation,
l'intelligence, l'assiduité ne suffisent pas pour
mettre à exécution les projets que l'on a con-
çus afin de lutter contre la barbarie et de l'a-
moindrir. Bien souvent le cœur reste impuissant lorsque l'escarcelle est vide ; notre Croix
rouge le sait, car ses charges sont lourdes et
ses ressources sont limitées.

Sous peine de faire banqueroute et d'être en
défaillance à l'heure du péril, elle est con-
trainte à n'être prodigue que de son dévoûment. Elle n'est point comme le roi Midas, et
ce qu'elle touche ne se change pas en or ; elle
a beau être parcimonieuse des deniers sacrés
dont elle a l'administration, elle est souvent
embarrassée pour faire face aux dépenses qui
s'imposent ; disons le mot tout net : elle est pauvre. Elle est beaucoup trop pauvre, malgré les
dons et malgré les legs que des gens de cœur
ont tenu à gloire de lui faire. Ses ressources se
composent d'un minime capital inaliénable
en temps de paix, des cotisations annuelles et
du produit de certaines fêtes de charité.

La dernière a été un admirable carrousel
militaire, donné, les 16 et 17 avril 1888, dans
le Palais de l'Industrie ; les élèves des Écoles
de Saumur, de Fontainebleau, de Saint-Cyr,
les officiers de l'École supérieure de guerre,
ont fait assaut d'adresse et d'habileté ; c'était
un tournoi *pro domo suâ*. Il a valu 55,000
francs à la caisse de secours aux blessés. Plus

tard, peut-être, quelque fringant sous-lieute-
nant d'aujourd'hui, devenu colonel, étendu
sur le lit d'ambulance, soigné par l'infirmerie
de la Croix rouge, se souviendra qu'il a franchi des haies et fait des voltes pour venir en
aide à ceux qui devaient être blessés au service de la France.

En dehors de sa réserve, dont j'ai fait connaître la valeur et l'emploi usufructuaire, la
fortune la plus sérieuse de notre Croix rouge
consiste dans les cotisations annuelles; or
ces cotisations ne peuvent être qu'en rapport
avec le nombre des souscripteurs. Ce nombre,
j'ai honte de le dévoiler, car il est misérable :
22,000 pour la France, qui compte deux cents
comités provinciaux gravitant autour du conseil central siégeant à Paris. 22,000! la proportion est dérisoire, non seulement avec le
chiffre de la population, mais avec celui de
nos soldats. Comment n'a-t-on pas compris
qu'en ce temps de service militaire obligatoire, le service des secours aux blessés était
obligatoire aussi ? Si l'un est imposé par la loi,

l'autre est imposé par la conscience, dont il relève.

Est-ce donc que la cotisation est si onéreuse qu'elle effraye les bourses moyennes et ferme les petites bourses ? Non pas. Membres fondateurs : trente francs par an ; membres souscripteurs, six francs par an. Pour les premiers, trois sous tous les deux jours ; pour les seconds, un sou tous les trois jours. Franchement, c'est de la philanthropie à bon marché, et même au rabais ; il faut être bien avare, bien indifférent ou bien misérable pour s'en refuser le plaisir. J'ai été plus qu'étonné en constatant que les registres ne contenaient pas la liste d'un million — au moins — de souscripteurs.

Puisque le budget de la guerre est permanent, celui de la charité militaire doit l'être aussi. Ce sacrifice, si léger qu'il serait nul pour le tiers de la population, chacun a le devoir de se l'imposer volontairement, car au jour de la guerre toute famille aura ses représentants engagés au feu ; que deviendront-ils si l'on n'a versé la prime de bienfaisance qui leur assurera les soins dont leur vie peut dépendre? Aux jours de la guerre de Cent Ans, en 1364, il n'y eut femme de France qui ne filât pour aider à payer la rançon de Duguesclin ; aujourd'hui, quelle femme de France refuserait d'économiser six francs sur ses besoins ou sur ses fantaisies, afin de panser les blessures de ceux qui tombent en faisant face à l'ennemi? Quel homme ne se priverait de quelque plaisir pour venir en aide à ceux qui sont frappés en protégeant son existence, son champ, son outil, ses loisirs et son honneur?

Tout argent versé entre les mains de la Société de secours acquitte la dette contractée envers ceux qui luttent pour sauvegarder le foyer commun. Cette contribution de la charité patriotique, qui allège les charges de l'impôt du sang, ne peut-on l'établir sans léser aucun intérêt, par libre consentement? Les entrées dans les cercles ne peuvent-elles être majorées de la petite somme de six francs

qui serait destinée à la Croix rouge ? Les officiers de terre et de mer ne peuvent-ils, à partir du grade de capitaine, abandonner sur
leur solde un sou tous les trois jours, moins
que le sou de poche du soldat, pour aider à
la construction des ambulances où plus tard
ils seront recueillis ?

Il suffirait qu'un cercle, qu'un état-major
de régiment ou de navire donnât l'exemple
pour que chacun s'y conformât, car en terre
de France le bien est contagieux. La question
est à étudier, car jamais une Société de secours
aux blessés ne sera assez riche, si elle veut
remplir sa mission qui n'a point de limites,
puisque les maux de la guerre n'ont point de
bornes. Ce n'est pas seulement à notre pays
que je parle ; je voudrais que ma voix fût
entendue, fût écoutée de toute nation qui,
derrière le campement de ses armées, fait
flotter l'étendard de la Croix rouge.

J'estime aussi qu'il serait bon que, sur ce
problème et sur bien d'autres, les délégués des
diverses Sociétés de secours aux blessés mili-

taires fussent appelés à discuter en commun.
Les réunions internationales sont beaucoup
trop rares : deux seulement depuis la paix de
Francfort ; ce n'est pas assez. Tous les ans,
comme certains congrès littéraires et scientifiques, les Croix rouges devraient se réunir,
ne serait-ce que pour se communiquer les
progrès accomplis, en préparer de nouveaux,
entretenir leur mutuelle émulation et stimuler
leur zèle. En se fréquentant, en échangeant
des pensées inspirées par l'amour du prochain,
en s'efforçant d'éveiller la commisération pour
le soldat blessé, bien des préjugés vivaces
s'étioleraient, et la haine, mauvaise conseil-
lère, s'affaisserait d'elle-même.

Tout en conservant l'amour-propre national,
les délégués apprécieront les fortes qualités
des autres nations, et l'estime remplacera le
dédain, qui est rarement justifié. A force de
chercher à amoindrir les conséquences des
luttes à main armée, de les considérer dans
tout leur aspect et dans toute leur horreur,
ils en arriveront à trouver la guerre si laide,

si peu chevaleresque avec les engins modernes, si antihumaine par ses résultats, qu'ils iront répandre dans leur pays les idées pacifiques dont ils seront animés. Si l'armée de la paix s'accroît par leur influence, l'armée de la guerre restera l'arme au pied, et les grandes ruines seront évitées pour longtemps.

Les mandataires des Sociétés de secours aux blessés peuvent devenir les apôtres de la charité universelle, basée sur le respect de la vie humaine ; car le meilleur moyen de remédier aux maux de la guerre, c'est de les empêcher de se produire. Cette vérité ne serait pas désavouée par M. de la Palisse, je ne l'ignore pas, et je sais aussi qu'il coulera encore bien des flots de sang avant qu'elle ait force de loi ; mais il y a certaines paroles qu'il ne faut cesser de répéter ; elles finissent par pénétrer les âmes les plus rebelles : c'est parce que les Hébreux ne se sont point lassés de sonner de la trompette que les murailles de Jéricho se sont écroulées.

Dans son récit de la campagne de France,

de cette incursion prussienne à laquelle la canonnade de Valmy fit faire volte-face, Gœthe a écrit : « Les longues calamités de la guerre ravissent à l'homme toute croyance à l'humanité. » Gœthe ne penserait plus ainsi ; les choses ont bien changé depuis un siècle ; ce sont précisément les longues calamités de la guerre qui ont ranimé l'humanité dans les cœurs et lui ont tracé son devoir.

Lorsque je dis : humanité, je veux parler de cette passion magnanime qui force à aimer les hommes malgré leurs fautes et leurs crimes, car elle n'est soulevée qu'à la vue de leur débilité, de leur infortune et par la croyance en leur vertu possible. L'idée de la convention de Genève, l'idée à jamais féconde, à jamais bénie de la Croix rouge, a germé sur le champ de bataille de Solferino. Cette idée est, en principe, si bien hostile à la guerre, que les hommes de guerre l'ont d'abord repoussée. Aujourd'hui encore ils la subissent plutôt qu'ils ne l'acceptent. Ils signalent dans son application mille inconvénients qui, en

réalité, se neutralisent, puisqu'ils sont sem-
·blables pour les armées en présence. Ce qui a
vaincu leur mauvais vouloir, ce qui les a contraints à donner place à la Croix rouge, c'est
l'humanité, c'est ce sentiment intime, vibrant
au plus profond des cœurs, qui domine tout
par la pitié, s'émeut à la souffrance et ne recule devant rien pour la soulager.

C'est une sorte de religion universelle,
refuge des âmes aspirant au bien, « religion
inaccessible à la rivalité des églises, des
nations et de la politique ». Le mot m'a été
écrit par une très grande dame qui participe
avec une tendresse énergique au développement de la Croix rouge de son pays, j'allais
dire de ses États. C'est le propre même de
l'humanité de repousser ce qui divise les
hommes et de rechercher ce qui les unit.
« Secourez-vous les uns les autres; » c'est le
commencement de la sagesse; car la sagesse,
c'est l'oubli des haines, c'est la tolérance, c'est
la paix.

J'ai eu sous les yeux un spectacle que je

n'ai point oublié. Au lendemain de la bataille de Magenta, au delà de Ponte di Buffalora, dans une des rizières qui bordent les remblais de la route, j'ai vu deux cadavres enlacés : un soldat autrichien, un grenadier de la garde impériale française. Sur leur visage, nulle expression de colère, mais une tristesse résignée. Blessés, sentant venir la fin, ils s'étaient traînés pour rapprocher leur misère, ignorant pourquoi ils avaient tué, pourquoi ils étaient tués. Obéissant à l'impulsion qui rassemble les hommes à l'heure des grandes infortunes, ils étaient morts dans les bras l'un de l'autre, apitoyés sur leur sort mutuel, ne sachant plus s'ils avaient été ennemis et s'endormant de l'éternel sommeil après avoir fait leur devoir, auquel ils n'avaient rien compris, sinon qu'ils en périssaient.

C'est l'humanité, c'est le sentiment supérieur à tout autre qui les avait réunis dans une étreinte suprême, et ce sentiment est d'une invincible puissance. Il est d'autant plus impérieux qu'il porte en soi quelque chose d'idéal qui plane au-dessus des préoccupations vulgaires et les domine. Il agit à la fois par la révolte contre l'injustice de la violence aveugle, par la compassion pour la faiblesse de l'homme, par le désir d'en adoucir la peine et de lui donner le bonheur que l'on a rêvé, que l'on a vainement cherché et que l'on ne désespère jamais de découvrir.

Dans certaines circonstances, ce sentiment surgit avec une force spontanée; l'homme obéit alors, presque malgré lui, au précepte : « Aime ton prochain comme toi-même. » Que de fois on a vu des soldats blessés ramper et aller placer leur gourde sur les lèvres d'un ennemi mourant qui criait la parole que jadis le Calvaire a entendue : « J'ai soif! » A ce sentiment qui semble le parfum du souffle dont fut animé le moule d'argile aux jours de la création, la Croix rouge a donné un corps.

Malgré les obstacles que les Sociétés de secours aux blessés ont, en Europe, rencontrés dans plus d'un mauvais vouloir administratif et militaire, elles ont persisté, elles ont appuyé leur œuvre sur de solides assises, elles continueront leur travail réparateur, car aujourd'hui rien ne peut les remplacer; elles répondent au besoin le plus exigeant des armées; elles sont indispensables, et par elles l'humanité prévaudra. Elles ont été bien lentes à se formuler, à naître, à grandir, à s'affirmer; mais elles sont indestructibles parce qu'elles sont. Il en est d'elles comme de la solution d'un problème de mathématiques, qui est acquise à jamais dès qu'elle est découverte.

La bannière de la convention de Genève marchera dorénavant auprès des armées en campagne; c'est l'humanité même qui la porte; elle ne se la laissera pas enlever : *in hoc signo vinces.* La France la tient ferme par la main de sa Société de secours aux blessés. J'ai dit, et je crois avoir prouvé, que notre Croix rouge n'épargne rien pour rester digne de son apostolat. Je voudrais qu'elle eût son trésor de secours, comme la Prusse a son trésor de guerre; je voudrais qu'elle fût très riche, afin d'être plus bienfaisante encore et afin de démontrer que, lorsqu'il s'agit de charité, de patriotisme et de dévoûment, nous ne cédons à personne l'honneur de nous devancer.

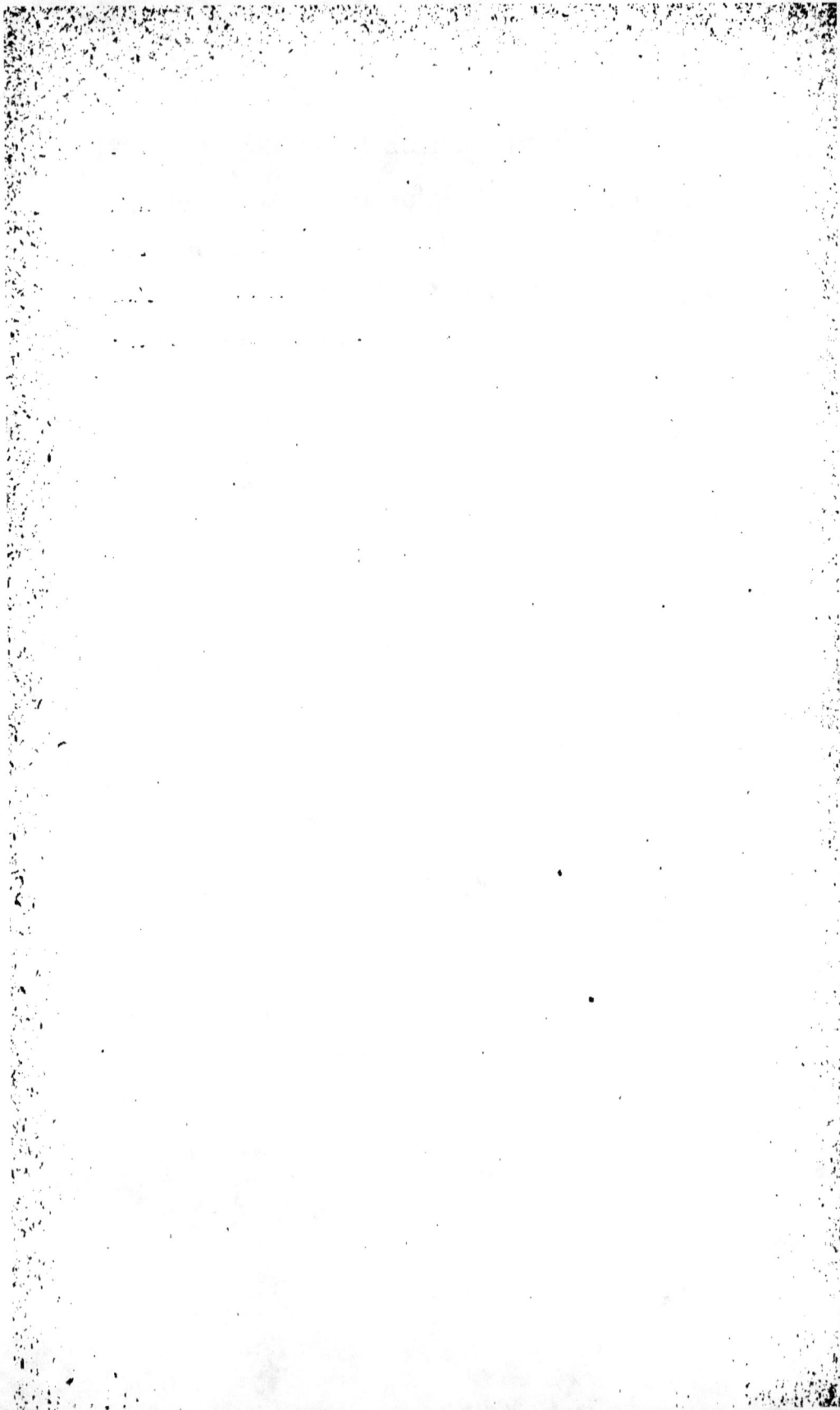

PIÈCES JUSTIFICATIVES

N° 1

Liste des médecins militaires morts du typhus en Crimée, pendant les mois de février, mars et avril 1855.

Je cite textuellement le livre du docteur Chenu, p. 122, 125, 126.

3 février, M. Leclerc, médecin aide-major, meurt du typhus.

7 — M. Lardy, médecin aide-major, meurt du typhus.

19 — M. Cordeau, médecin aide-major, meurt du typhus.

20 — M. Savaete, médecin aide-major, meurt du typhus.

21 — M. Dartigaux, médecin aide-major, meurt du typhus.

23 — M. Piaget, médecin requis, meurt du typhus.

25 février. M. Dulac, médecin aide-major, meurt du typhus.

26 — M. Girard, médecin-major, meurt du typhus.

— — M. Volage, médecin principal, meurt du typhus.

— — M. Sagne, médecin aide-major, meurt du typhus.

28 — M. Gueury, médecin aide-major, meurt du typhus.

— — M. Forget, médecin aide-major, meurt du typhus.

1er mars. *Cessation du feu des batteries russes.*

2 — M. Ragu, médecin aide-major, meurt du typhus.

4 — M. Miltenberger, médecin aide-major, meurt du typhus.

6 — M. Bouquerot, médecin aide-major, meurt du typhus.

12 — M. Peyrusset, médecin-major, meurt du typhus.

— — M. Leker, médecin aide-major, meurt du typhus.

13 — M. Molinard, médecin aide-major, meurt du typhus.

17 — M. Félix, médecin-major, meurt du typhus.

18 — M. Rampont, médecin-major, meurt du typhus.

22 mars. M. Servy, médecin aide-major, meurt du typhus.

23 — M. Précy, médecin aide-major, meurt du typhus.

— — *Ordre du jour pour annoncer à l'armée la naissance du prince impérial.*

24 — M. Gillin, médecin aide-major, meurt du typhus.

25 — M. Jacob, médecin sous-aide, meurt du typhus.

26 — M. Perrin, médecin aide-major, meurt du typhus.

— — M. Berthemot, médecin-major, meurt du typhus.

31 — M. Fournier, médecin aide-major, meurt du typhus.

2 avril. *Ordre général pour annoncer la nouvelle de la paix.*

— — M. Puel, médecin-major, meurt du typhus.

— — M. Carron, pharmacien aide-major, meurt du typhus.

4 — M. Goutt, médecin-major, meurt du typhus.

10 — M. Moulinier, médecin-major, meurt du typhus.

— — M. Frette-Damicourt, médecin-major, meurt du typhus.

13 — M. Demannet, médecin aide-major, meurt du typhus.

13 avril.   M. Bonnet-Mazimbert, médecin-major, meurt du typhus.

19 — M. Leclerc, médecin-major, meurt du typhus.

— — M. Pégat, médecin-major, meurt du typhus.

23 — M. Granal, médecin aide-major, meurt du typhus.

28 — M. Lamarque, médecin aide-major, meurt du typhus.

— — M. Sautier, médecin sous-aide, meurt du typhus.

Dans le mois de mai, deux médecins seulement, MM. Godquin et Desblancs, meurent du typhus.

Nᵒ 2

Convention de Genève, signée le 22 août 1864.

ARTICLE PREMIER. — Les ambulances et les hôpitaux militaires seront reconnus neutres, et, comme tels, protégés et respectés par les belligérants, aussi longtemps qu'il s'y trouvera des malades ou des blessés.

La neutralité cesserait si ces ambulances ou ces hôpitaux étaient gardés par une force militaire.

Art. 2. — Le personnel des hôpitaux et des ambulances, comprenant l'intendance, les services de santé, d'administration, de transport de blessés, ainsi que les aumôniers, participera au bénéfice de la neutralité lorsqu'il fonctionnera et tant qu'il restera des blessés à relever ou à secourir.

Art. 3. — Les personnes désignées dans l'article précédent pourront, même après l'occupation par l'ennemi, continuer à remplir leurs fonctions dans l'hôpital ou l'ambulance qu'elles desservent, ou se retirer pour rejoindre le corps auquel elles appartiennent.

Dans ces circonstances, lorsque ces personnes cesseront leurs fonctions, elles seront remises aux avant-postes ennemis par les soins de l'armée occupante.

Art. 4. — Le matériel des hôpitaux militaires demeurant soumis aux lois de la guerre, les personnes attachées à ces hôpitaux ne pourront, en se retirant, emporter que les objets qui sont leur propriété particulière.

Dans les mêmes circonstances, au contraire, l'ambulance conservera son matériel.

Art. 5. — Les habitants du pays qui porteront

secours aux blessés seront respectés et demeureront libres.

Les généraux des puissances belligérantes auront pour mission de prévenir les habitants de l'appel fait à leur humanité et de la neutralité qui en sera la conséquence.

Tout blessé recueilli et soigné dans une maison y servira de sauvegarde. L'habitant qui aura recueilli chez lui des blessés sera dispensé du logement des troupes, ainsi que d'une partie des contributions de guerre qui seraient imposées.

ART. 6. — Les militaires blessés ou malades seront recueillis et soignés, à quelque nation qu'ils appartiennent.

Les commandants en chef auront la faculté de remettre immédiatement aux avant-postes ennemis les militaires ennemis blessés pendant le combat, lorsque les circonstances le permettront et du consentement des deux parties.

Seront renvoyés dans leur pays ceux qui, après guérison, seront reconnus incapables de servir.

Les autres pourront être également renvoyés, à la condition de ne pas reprendre les armes pendant la durée de la guerre.

Les évacuations, avec le personnel qui les dirige, seront couvertes par une neutralité absolue.

ART. 7. — Un drapeau distinctif et uniforme sera

adopté pour les hôpitaux, les ambulances et les évacuations. Il devra être, en toute circonstance, accompagné du drapeau national.

Un brassard sera également admis pour le personnel neutralisé, mais la délivrance en sera laissée à l'autorité militaire.

Le drapeau et le brassard porteront : croix rouge sur fond blanc.

ART. 8. — Les détails d'exécution de la présente Convention seront réglés par les commandants en chef des armées belligérantes, d'après les instructions de leurs gouvernements respectifs et conformément aux principes généraux énoncés dans cette Convention.

ART. 9. — Les Hautes Puissances contractantes sont convenues de communiquer la présente Convention aux Gouvernements qui n'ont pu envoyer des plénipotentiaires à la Conférence internationale de Genève, en les invitant à y accéder : le protocole est, à cet effet, laissé ouvert.

ART. 10. — La présente Convention sera ratifiée, et les ratifications en seront échangées à Berne, dans l'espace de quatre mois, ou plus tôt, si faire se peut.

En foi de quoi les plénipotentiaires respectifs l'ont signée et y ont apposé le cachet de leurs armes.

Fait à Genève, le vingt-deuxième jour du mois d'août de l'an mil huit cent soixante-quatre.

ARTICLES ADDITIONNELS A LA CONVENTION

APPLIQUÉS COMME « MODUS VIVENDI » PAR LES PARTIES BELLIGÉRANTES
PENDANT LA GUERRE DE 1870-1871.

ARTICLE PREMIER. — Le personnel désigné dans l'article 2 de la Convention continuera, après l'occupation par l'ennemi, à donner, dans la mesure des besoins, ses soins aux malades et aux blessés de l'ambulance ou de l'hôpital qu'il dessert.

Lorsqu'il demandera à se retirer, le commandant des troupes occupantes fixera le moment de ce départ, qu'il ne pourra toutefois différer que pour une courte durée, en cas de nécessités militaires.

ART. 2. — Des dispositions devront être prises par les puissances belligérantes pour assurer au personnel neutralisé, tombé entre les mains de l'armée ennemie, la jouissance intégrale de son traitement.

ART. 3. — Dans les conditions prévues par les articles 1 et 4 de la Convention, la dénomination d'*ambulance* s'applique aux hôpitaux de campagne et autres établissements temporaires qui suivent les troupes sur les champs de bataille pour y recevoir des malades et des blessés.

ART. 4. — Conformément à l'esprit de l'article 5 de la Convention et aux réserves mentionnées au protocole de 1864, il est expliqué que, pour la répartition des charges relatives au logement des troupes et aux contributions de guerre, il ne sera tenu compte que dans la mesure de l'équité du zèle charitable déployé par les habitants.

Art. 5. — Par extension de l'article 6 de la Convention, il est stipulé que, sous la réserve des officiers dont la possession importerait au sort des armes, et dans les limites fixées par le deuxième paragraphe de cet article, les blessés tombés entre les mains de l'ennemi, lors même qu'ils ne seraient pas reconnus incapables de servir, devront être renvoyés dans leur pays après leur guérison, ou plus tôt, si faire se peut, à la condition toutefois de ne pas reprendre les armes pendant la durée de la guerre.

ARTICLES CONCERNANT LA MARINE

Art. 6. — Les embarcations qui, à leurs risques et périls, pendant et après le combat, recueillent, ou qui, ayant recueilli des naufragés ou des blessés, les portent à bord d'un navire, soit neutre, soit hospitalier, jouiront, jusqu'à l'accomplissement de leur mission, de la part de neutralité que les circonstances du combat et la situation des navires en conflit permettront de leur appliquer.

Art. 7. — L'appréciation de ces circonstances est confiée à l'humanité de tous les combattants.

Les naufragés et les blessés ainsi recueillis et sauvés ne pourront servir pendant la durée de la guerre.

Le personnel religieux, médical et hospitalier de tout bâtiment capturé est déclaré neutre. Il emporte, en quittant le navire, les objets et les instruments de chirurgie qui sont sa propriété particulière.

Art. 8. — Le personnel désigné dans l'article précédent doit continuer à remplir ses fonctions sur le bâtiment capturé, concourir aux évacuations de blessés faites par le vainqueur; puis il doit être libre de rejoindre son pays, conformément au second paragraphe du premier article additionnel ci-dessus.

Les stipulations du deuxième article additionnel ci-dessus sont applicables au traitement de ce personnel.

Art. 9. — Les bâtiments-hôpitaux militaires restent soumis aux lois de la guerre, en ce qui concerne leur matériel : ils deviennent la propriété du capteur; mais celui-ci ne pourra les détourner de leur affectation spéciale pendant la durée de la guerre.

Art. 10. — Tout bâtiment de commerce, à quelque nation qu'il appartienne, chargé exclusivement de blessés et de malades dont il opère l'évacuation, est couvert par la neutralité; mais le fait seul de la visite, notifié sur le journal du bord, par un croiseur ennemi, rend les blessés et les malades incapables de servir pendant la durée de la guerre. Le croiseur aura même le droit de mettre à bord un commissaire pour accompagner le convoi et vérifier ainsi la bonne foi de l'opération. Si le bâtiment de commerce contenait en outre un chargement, la neutralité le couvrirait encore, pourvu que ce chargement ne fût pas de nature à être confisqué par le belligérant.

Les belligérants conservent le droit d'interdire aux bâtiments neutralisés toute communication et toute direction qu'ils jugeraient nuisibles au secret de leurs opérations.

Dans les cas urgents, des conventions particulières pourront être faites entre les commandants en chef pour neutraliser momentanément, d'une manière spéciale, les navires destinés à l'évacuation des blessés et des malades.

ART. 11. — Les marins et les militaires embarqués, blessés ou malades, à quelque nation qu'ils appartiennent, seront protégés et soignés par les capteurs.

Leur rapatriement est soumis aux prescriptions de l'article 6 de la Convention et de l'article 5 additionnel.

ART. 12. — Le drapeau distinctif à joindre au pavillon national pour indiquer un navire ou une embarcation quelconque qui réclame le bénéfice de la neutralité, en vertu des principes de cette Convention, est le pavillon blanc à croix rouge.

Les belligérants exercent à cet égard toute vérification qu'ils jugent nécessaire.

Les bâtiments-hôpitaux militaires seront distingués par une peinture extérieure blanche avec batterie verte.

ART. 13 — Les navires hospitaliers équipés aux frais des Sociétés de secours reconnues par les Gouvernements signataires de cette Convention, pourvus de commission émanée du Souverain qui aura donné l'autorisation expresse de leur armement, et d'un document de l'autorité maritime compétente, stipulant qu'ils ont été soumis à son contrôle pendant leur armement et à leur départ final, et qu'ils étaient alors uniquement appropriés au but de leur mission, seront considérés comme neutres, ainsi que tout leur personnel.

Ils seront respectés et protégés par les belligérants.

Ils se feront reconnaître en hissant, avec leur pavillon national, le pavillon blanc à croix rouge. La marque distinctive de leur personnel dans l'exercice de ses fonctions sera un brassard aux mêmes couleurs; leur peinture extérieure sera blanche avec batterie rouge.

Ces navires porteront secours et assistance aux blessés et aux naufragés des belligérants, sans distinction de nationalité.

Ils ne devront gêner en aucune manière les mouvements des combattants.

Pendant et après le combat, ils agiront à leurs risques et périls.

Les belligérants auront sur eux le droit de contrôle et de visite; ils pourront refuser leur concours, leur enjoindre de s'éloigner et les détenir si la gravité des circonstances l'exigeait.

Les blessés et les naufragés recueillis par ces navires ne pourront être réclamés par aucun des combattants, et il leur sera imposé de ne pas servir pendant la durée de la guerre.

ART. 14. — Dans les guerres maritimes, toute forte présomption que l'un des belligérants profite du bénéfice de la neutralité dans un autre intérêt que celui des blessés et des malades, permet à l'autre belligérant, jusqu'à preuve du contraire, de suspendre la Convention à son égard.

Si cette présomption devient une certitude, la Convention peut même lui être dénoncée pour toute la durée de la guerre.

ART. 15. — Le présent acte sera dressé en un seul exemplaire original, qui sera déposé aux archives de la Confédération suisse.

20

N° 3

Liste des Sociétés nationales de la Croix rouge par rang d'ancienneté.

1863. Wurtemberg, décembre.

1864. Oldenbourg, 2 janvier.

Belgique, 4 février.

Prusse, 6 février.

Danemark, mai. (Voy. 1875.)

France, 25 mai.

Italie, 15 juin.

Mecklembourg-Schwerin, 24 juin.

Espagne, 6 juillet.

Hambourg, 18 octobre.

Hesse (grand-duché), décembre.

1865. Portugal, 11 février. (Voy. 1887.)

Suède, 24 mai.

Norvège, octobre.

1866. États-Unis, 26 janvier. (Voy. 1881.)

Saxe royale, 7 juin.

Bade, 29 juin.

Suisse, 17 juillet.

1867. Russie, 18 mai.

Autriche, 18 mai.

Pays-Bas, 19 juillet.

1868. Bavière, 5 janvier.
      Turquie, 20 juin. (Voy. 1877.)
1869. Grande-Bretagne, avril.
1870. Luxembourg, juillet. (Voy. 1888.)
1875. Danemark (reconstitution), 18 juin.
1876. Monténégro, 15 janvier.
      Serbie, 21 janvier.
      Roumanie, juillet.
1877. Turquie (reconstitution), février.
      Grèce, avril.
1879. Pérou, 13 juin.
1880. République Argentine, 15 avril.
1881. Hongrie, 17 mai.
      États-Unis (reconstitution), 13 janvier.
1885. Bulgarie, 4 mai.
1887. Portugal (reconstitution), 27 mai.
      Japon, 22 juin.
1888. Luxembourg (en voie de Reconstitution).

N° 4

Conseil central de la Croix rouge de France.

Présidents honoraires de la Société :

Le Ministre de la Guerre.
Le Ministre de la Marine.

Président d'honneur :

M. le duc DE NEMOURS.

Président :

M. le maréchal DE MAC MAHON, duc DE MA-
GENTA.

Vice-Présidents :

M. le général de division CAMBRIELS
M. le docteur A. RIANT.

Secrétaire général :

M. le comte DE BEAUFORT.

Secrétaires :

M. Albert ELLISSEN.
M. Léon DE GOSSELLIN.
M. le baron DE MONTAGNAC.
M. le docteur PLANCHON.

Trésorier :

M. le baron Alphonse DE ROTHSCHILD.

Trésorier adjoint :

M. Paul BIOLLAY.

Membres du Conseil central :

MM. ANDRAL.

le docteur BAIZEAU.

le docteur BARETTE.

BENOIST-CHAMPY.

Charles BERTHIER.

le général A. BOISSONNET.

le baron Léon DE BUSSIERRE.

L. DE CAZENOVE.

le baron DE CHABAUD LA TOUR.

Maxime DU CAMP.

Emmanuel DUVERGIER DE HAURANNE.

Maxime GAUSSEN.

le docteur GUÉNEAU DE MUSSY.

le docteur Félix GUYON.

le vice-amiral JURIEN DE LA GRAVIÈRE.

le baron LARREY.

Émile LE CAMUS.

Constant LEFÉBURE.

Léon LEFÉBURE.

LE SERGEANT DE MONNECÔVE.

le comte DE LESSEPS.

le comte DE MADRE.

le contre-amiral MAURIN.

le docteur MOTET.

le duc DE NEMOURS.

le baron DE PAGES.

le général PÉAN.

le docteur PÉAN.

le comte J. DE POURTALÈS.

le docteur S. POZZI.

le comte A. DE RESSÉGUIER.

RABOT-DELAUNAY.

le docteur RICORD.

Hippolyte SALLE.

A. DE SESSEVALLE.

le marquis DE TALHOUËT-ROY.

Edmond TARBÉ.

VERNES D'ARLANDES.

le marquis DE VILLENEUVE-BARGEMONT.

le marquis DE VOGÜÉ.

———

N° 5

Liste des récompenses obtenues par la Société française de secours aux blessés militaires.

1867. Diplôme d'honneur et une médaille spéciale. (Hors concours.)

Diplôme et médaille d'argent, de la Conférence des Sociétés de secours de France.

1868. Diplôme d'honneur. — Exposition du Havre.

1870 et 1871. Diplôme d'honneur et médaille de
1re classe, des Ambulances de la Presse.

1872. Diplôme d'honneur et médaille de vermeil,
de la Société des Sauveteurs de la Seine.

Diplôme et médaille d'honneur de 1re classe,
de la Société d'Encouragement au Bien.

Diplôme d'honneur. — Exposition de Lyon.

Grand diplôme d'honneur, de l'Exposition
d'Économie domestique.

1873. Diplôme d'honneur. —Exposition de Vienne,

1878. Diplôme d'honneur. — Exposition de Paris.

1883. Diplôme d'honneur. — Exposition de Nice.

1884. Diplôme d'honneur. — Exposition de Rouen.

Diplôme d'honneur. — Exposition d'Orléans.

Diplôme d'honneur. — Exposition de Brest.
(Hors concours.)

1885. Diplôme d'honneur. — Exposition d'Anvers.

1887. Diplôme d'honneur. — Exposition de Sedan.

Diplôme d'honneur. —Exposition de Rennes.

Diplôme d'honneur. — Exposition de Toulouse.

Diplôme d'honneur. — Exposition du Havre.

N° 6

Tableau récapitulatif des envois faits par la Société française de secours aux blessés militaires au Tonkin, à Formose et à Madagascar (à la date du 1er juin 1888).

Vins, spiritueux et liqueurs. — Divers :

Vin de Bordeaux. . . . . 46 812 bouteilles.
Vin de Provence. . . . . 2760 —
Vin de Banyuls.. . . . . 9528 —
Vins étrangers : malaga, muscat,
    marsala, porto, madère, etc.. 1031 —
Cognac, rhum, kirsch, genièvre,
    chartreuse, etc. . . . . . . 8743 —
Deux caisses de rhum et de tafia.
    Bière Velten, 600 bouteilles. — Sirops, 80 litres.
— Eau de fleurs d'oranger, 100 litres.

Substances alimentaires :

Bouillon concentré. . . . . . 22 000 litres.
Extrait de viande Liebig.. . . 259k,500.
Tapioca bouillon. . . . . . . 18 325 potages.
Tapioca.. . . . . 120 kil.
1 caisse de pâtes alimentaires.

Julienne sèche pour potages. .	600 kil.
Conserves de viande.	2465 —
Légumes conservés.	9588 boîtes.
Lait concentré.	21 934 —
Chocolat.	3359 kil.
Café.	141 —
Confitures.	1459 —
Miel.	38 —
Pommes sèches. ·	104 kil. 3 caisses.
Prunes d'ente. . . ●	140 kil.
Biscuits de Reims.	⎫ 1930 paquets.
— Guillout.	⎭
Biscuits Albert.	225 kil.
Emmenthal.	132^k,500

Plusieurs caisses de dons individuels : bouillon concentré, extrait de viande, sardines et thon mariné, chocolat, confitures, essence de café, thé, etc.

Lainages et linges :

Gilets de flanelle.	920
Chemises de flanelle.	1491
Ceintures de flanelle.	2609
Chaussettes de laine.	5007 paires.
Gilets de tricot de laine	1240
Pièces de flanelle.	100
Chemises ordinaires. — Chemises spéciales pour blessés.	1123

Objets divers (caleçons, mouchoirs, serviettes, etc.). . . . . { 848 pièces
1 caisse.

Plusieurs caisses de linge à pansement, de bandes, compresses, charpie, gaze et tarlatane.

Objets d'habillement.. . . . . 89 pièces (Dons).

Objets de literie. { Peaux de mouton préparées pour couchage improvisé, 80.
Un ballot de draps et de couvertures. (Dons.)
Une pièce d'étoffe caoutchoutée pour lit de malades.

Objets de pansement :

Pansements rapides (modèle Sadon). . . . 1200
Pièces de pansement de Lister :
Bandes phéniquées 600 mètres. — Gaze phéniquée, 125 paquets.
Protective, 125 rouleaux, 50 paquets.
Makintosch, 50 mètres, 25 paquets.
Ouate. { chirurgicale. . . . . 150 kil.
hydrophile. . . . . 158 —
phéniquée. . . . . 75 —
Tubes à drains, 100 boîtes. —Catgut, 50 flacons.
— Soie phéniquée, 50 boîtes.

Pharmacie :

Vin de quinquina au malaga . .	12 439	bouteilles.
— — au banyuls . .	126	—
Vin de quassia-quinquina . . .	200	litres.
Quinquina ferrugineux	933	bouteilles.
Jus de citron concentré	400	litres.
Élixir de la Grande Chartreuse .	447	flacons.
Élixir de mélisse	144	—
Alcool de menthe Ricqlès . . .	1205	—
Cordiaux divers	352	—
Poudre de viande	125	boîtes.
Pâtes pectorales	200	kil.
Farine Morton	2000	boîtes.
Eaux minérales (Vichy, Vals, Bussang, etc.)	11 038	bouteilles,

Plusieurs caisses de produits pharmaceutiques.

Appareils divers :

Matelas en caoutchouc, à air et à eau	22
Coussins à air et à eau	16
Coussins calcanéens	20
Glacières (système carre)	4
Glacières (modèles divers	22
Filtres	150
Appareils dits : Tue-Mouches	200

Moustiquaires montées, 9 ; et tulle pour moustiquaires, 1975 mètres.

Objets de distraction :

Tabac à fumer. 4397 kil. — Négrettes. 14 barils.
Cigares. 67 400

Plusieurs caisses. } Pipes, blagues à tabac, papier à cigarettes.
Livres et jeux.

Papeterie assortie. — Divers.

Envois en argent. . . . . 51 500 fr.

N° 7

Décret du 3 juillet 1884 portant règlement pour le fonctionnement de la Société de secours aux blessés militaires.

LE PRÉSIDENT DE LA RÉPUBLIQUE FRANÇAISE,

Sur le rapport du Ministre de la guerre et du Ministre de la marine et des colonies ;

Vu le décret du 23 juin 1866, reconnaissant comme établissement d'utilité publique la Société de secours aux blessés militaires des armées de terre et de mer ;

Vu le décret du 31 décembre 1870 relatif à la même Société;

Vu le décret du 2 mars 1878 portant règlement pour le fonctionnement de ladite Société;

Vu la loi du 16 mars 1882 sur l'administration de l'armée;

Le Conseil d'État entendu,

DÉCRÈTE :

ARTICLE PREMIER. — La Société française de secours aux blessés des armées de terre et de mer est autorisée à seconder, en temps de guerre, le service de santé militaire, et à faire parvenir aux malades et blessés les dons qu'elle reçoit de la générosité publique.

Pour l'accomplissement de cette mission, elle est placée sous l'autorité du commandement et des directeurs du service de santé.

Les conditions de son fonctionnement sont déterminées par le présent règlement et par le règlement sur le service de santé.

ART. 2. — L'intervention de ladite Société consiste, en temps de guerre : 1° à créer dans les places de guerre et les localités qui lui sont désignées par le Ministre de la guerre, ou les généraux commandant le territoire, suivant le cas, des hôpitaux destinés à recevoir des blessés et des malades appartenant aux armées; 2° à prêter son concours au service de l'arrière en ce qui concerne les trains d'évacuation, les infirmeries de gare et les hôpitaux auxiliaires du théâtre de la guerre. Ce concours ne peut être étendu ni au service de première ligne, ni aux hôpitaux d'évacuation, dont demeure exclusivement chargé le service de santé militaire.

En temps de paix, la Société adresse, tous les six mois, au Ministre de la guerre un rapport destiné à lui faire connaître les moyens dont elle dispose en personnel et en matériel.

ART. 3. — Toutes les associations qui pourraient se former dans le même but et qui ne seraient pas reconnues comme établissements d'utilité publique, devront être rattachées à la Société de secours et seront, dès lors, assujetties aux dispositions du présent règlement.

Ces dispositions ne s'appliquent pas aux ambulances locales, dont l'action ne s'étend pas hors de la commune où sont établies lesdites ambulances, qui demeurent d'ailleurs sous la surveillance des généraux commandant le territoire.

ART. 4. — Nul ne peut être employé par la Société de secours s'il n'est Français ou naturalisé Français, et s'il n'est dégagé de toutes les obligations imposées par la loi du 27 juillet 1872 sur le recrutement de l'armée et par la loi du 3 brumaire an IV sur l'inscription maritime.

Néanmoins les hommes appartenant à la réserve de l'armée territoriale peuvent, exceptionnellement, sur des autorisations nominatives données par le Ministre de la guerre, être admis à faire partie du personnel employé par cette Société. Les demandes d'autorisation concernant les hommes de cette dernière catégorie seront adressées dès le temps de paix au Ministre. Les autorisations accordées par le Ministre seront valables même en cas d'appel de la classe à laquelle ils appartiennent.

Sont recrutés : les médecins traitants, parmi les docteurs en médecine ; les médecins aides, parmi les docteurs en médecine ou les officiers de santé ; les pharmaciens, parmi les pharmaciens diplômés.

ART. 5. — La Société est représentée :

A l'intérieur :

1º Auprès du Ministre de la guerre et du Ministre de la marine et des colonies, par le président de la Société;

2º Dans chaque région de corps d'armée où elle a des centres d'action, par un délégué régional nommé par le conseil supérieur de la Société, agréé par le Ministre de la guerre et accrédité par lui auprès du général commandant le corps d'armée.

Dans les 10ᵉ, 11ᵉ, 15ᵉ et 18ᵉ corps d'armée, les délégués régionaux sont également accrédités auprès

des vice-amiraux commandant en chef, préfets maritimes.

Aux armées :

Dans chaque armée ou corps d'armée opérant isolément, par un délégué d'armée nommé par le conseil supérieur, agréé et commissionné par le Ministre
de la guerre.

Lorsque la Société est appelée à coopérer au service des évacuations, elle est représentée par des
délégués spéciaux, dont les nominations sont faites,
au fur et à mesure des besoins, par le délégué d'armée, sauf l'agrément de l'autorité militaire.

Art. 6. — Le personnel d'exécution : médecins,
pharmaciens, comptables, etc., est exclusivement
choisi par la Société, sous les réserves déjà indiquées
à l'article 4, et sous la condition, pour les médecins,
d'avoir été agréés par le Ministre de la guerre. Au
début et préalablement au fonctionnement du service, les différents délégués régionaux et autres adressent aux autorités militaires un contrôle nominatif
du personnel employé sous leurs ordres. Ils font
connaître, au cours du service, les mutations qui se
produisent.

Art. 7. — Le personnel de la Société de secours,
lorsqu'il est employé aux armées, est soumis aux lois,
et règlements militaires. Il est justiciable des tribu-

naux militaires par application des articles 62 et 75 du Code de justice militaire.

ART. 8. — Le président de la Société de secours est l'intermédiaire entre le Ministre de la guerre et la Société.

C'est à lui que sont adressées toutes les communications officielles ayant pour objet l'organisation générale du service de la Société.

Dès le temps de paix, le Ministre de la guerre lui fait connaître les parties du service à l'exécution desquelles la Société doit participer en cas de mobilisation.

Au cours des opérations, il lui fournit toutes les indications utiles à son fonctionnement.

ART. 9. — Les délégués régionaux ne correspondent pas avec le Ministre ; ils s'adressent, par l'intermédiaire des directeurs du service de santé, aux généraux commandant les régions de corps d'armée, et, s'il y a lieu, aux vice-amiraux commandant en chef, préfets maritimes, pour toutes les affaires où l'intervention de l'autorité militaire ou maritime peut être nécessaire.

Ils fournissent périodiquement un rapport sur le fonctionnement du service dans leur circonscription.

ART. 10. — Les délégués aux armées ne prennent aucune mesure, de quelque nature qu'elle soit, sans avoir préalablement obtenu l'assentiment des chefs militaires ; ils se conforment à tout ordre concernant le service que ces chefs leur adressent, soit directement, soit par l'intermédiaire des directeurs du service de santé.

La correspondance adressée par les délégués au général commandant passe par l'intermédiaire des directeurs du service de santé.

ART. 11. — Aux armées, le personnel de la Société porte un uniforme déterminé par le Ministre de la guerre, sur les propositions de ladite Société.

Le même personnel est autorisé à porter le brassard institué en vertu de l'article 7 de la convention de Genève, en date du 22 août 1864, dans les conditions déterminées par les règlements de ladite Société.

Les brassards sont exclusivement délivrés par le directeur du service de santé de la région et revêtus de son cachet et du numéro de série de la région, sur la production du contrôle nominatif du personnel indiqué à l'article 6.

Il est délivré en même temps une carte nominative qui porte le même numéro que le brassard, et qui est signée par le délégué régional et par le directeur du service de santé. Tout porteur de brassard doit être constamment muni de cette carte.

ART. 12. — A l'intérieur et aux armées, aucun

établissement hospitalier ne peut être créé par la Société de secours sans une entente préalable avec l'autorité militaire au sujet de l'importance à donner à l'établissement et du choix de son emplacement.

La fermeture d'un établissement reste soumise à la même formalité d'entente préalable. Aux armées, la clôture ne peut être prononcée que par le Ministre ou par les généraux commandant en chef.

Art. 13. — La Société de secours se procure, pour chaque établissement qu'elle crée, le matériel nécessaire à l'exécution du service.

Toutefois, si l'organisation d'un établissement reconnu indispensable ne peut être effectuée faute de certaines ressources en matériel, l'administration de la guerre peut mettre exceptionnellement à la disposition de la Société, à titre de prêt, tout ou partie de ce matériel.

Dans ce cas, la Société demeure responsable du matériel prêté, dont il est dressé contradictoirement un inventaire évaluatif en triple expédition.

L'une de ces expéditions reste entre les mains du délégué régional; la seconde est déposée dans les archives de l'administration militaire locale, et la troisième est adressée au Ministre de la guerre.

Art. 14. — Dans les localités où la Société de secours crée des établissements hospitaliers, elle est tenue de fournir, avec ses propres ressources, les denrées et objets de consommation nécessaires au traitement des malades.

Par exception, si la Société desservait des établissements dans une place investie où les ressources lui feraient défaut, l'administration militaire pourrait lui fournir les denrées et objets de consommation reconnus nécessaires.

Ces fournitures, délivrées sur bons régulièrement établis et visés par le sous-intendant militaire, seraient effectuées contre remboursement par la Société dans la limite de ses ressources financières.

ART. 15. — L'autorité militaire détermine les catégories de blessés et de malades dont le traitement peut avoir lieu dans les établissements desservis par la Société.

ART. 16. — Les conditions de traitement des malades admis dans les établissements desservis par la Société de secours, en ce qui concerne le régime alimentaire, les prescriptions et le fonctionnement du service intérieur, doivent autant que possible se rapprocher des règles fixées par le règlement sur le service de santé.

Le soin de régler cette partie du service appartient au délégué régional ou à ses représentants.

Néanmoins tous les établissements créés par la Société de secours demeurent placés, au point de vue du contrôle et de la discipline, sous la surveillance de l'autorité militaire ; au point de vue de l'hygiène et de l'exécution du service, sous celle du directeur du service de santé de la région, ou de son délégué.

Les obligations et les attributions des employés comptables des établissements desservis par la Société sont, en ce qui concerne les décès, les mêmes que celles des comptables des ambulances des hôpitaux militaires.

ART. 17. — La Société de secours reçoit de l'administration de la guerre, par journée de malade traité dans ses établissements, à titre de part contributive de l'État, une indemnité fixe de 1 franc.

Cette indemnité n'est pas due pour les journées de sortie par guérison.

La Société reste chargée de faire procéder, à ses frais, à l'inhumation des militaires décédés dans ses établissements, ainsi qu'à la célébration du service mortuaire.

La même indemnité journalière de 1 franc est accordée à la Société pour tout militaire évacué dans un train sanitaire permanent, organisé par elle.

ART. 18. — Les délégations des sociétés de secours étrangères ne pourront être admises à fonctionner concurremment avec la Société française que sur une autorisation formelle du Ministre de la guerre, et avec la réserve de se placer sous la direction de cette Société.

ART. 19. — Les règlements et instructions ministérielles sur le service de santé pourvoiront à la complète exécution des dispositions contenues dans le présent décret.

ART. 20. — Les dispositions du présent décret sont, en tenant compte de la spécialité du service maritime, applicables dans les ports militaires, dans les colonies, ainsi que dans les pays étrangers, pendant les expéditions maritimes.

ART. 21. — Sont abrogées toutes les dispositions des décrets et règlements contraires au présent décret.

ART. 22. — Le Ministre de la guerre et le Ministre de la marine et des colonies sont chargés, chacun en ce qui le concerne, de l'exécution du présent décret.

Fait à Paris, le 3 juillet 1884.

JULES GRÉVY.

Par le Président de la République :

Le Ministre de la guerre,
E. CAMPENON.

Le Ministre de la marine et des colonies,
E. PEYRON.

N° 8

COMITÉ DES DAMES POUR PARIS

Présidente d'honneur :

Mme la princesse CZARTORYSKA.

Présidente :

Mme la maréchale DE MAC MAHON, duchesse DE MAGENTA.

Vice-présidentes :

Mmes la maréchale CANROBERT.
la maréchale LE BŒUF.
la maréchale PÉLISSIER, duchesse DE MALAKOFF.
la maréchale comtesse NIEL.
la maréchale comtesse RANDON.
la maréchale REGNAULD DE SAINT-JEAN-D'ANGELY.

Secrétaires :

Mmes ANDRAL.
Antonin BELLAIGUES.
Augustin COCHIN.

Mmes ETCHEVERRY.
la baronne DE PAGES.
PÉAN.
A. RIANT.
VERNES D'ARLANDES.

Trésorière :

Mme Augustin COCHIN.

Membres du Comité :

Mmes la vicomtesse BENOIST D'AZY.
Charles BERTHIER.
la marquise DE BÉTHISY.
Paul BIOLLAY.
la générale DE BIRÉ.
Maurice DE BUSSIERRE.
Paul CARTIER.
Paul CHRISTOFLE.
la princesse CZARTORYSKA.
LE CORDIER.
Albert ELLISSEN.
la baronne EVAIN.
la comtesse F. DE LA FERRONNAYS.
la duchesse DE FEZENSAC.
la comtesse DE FLAVIGNY.
la vice-amirale FOURICHON.
GOSSELIN.
L. DE GOSSELIN.
Félix GUYON.

Mmes Alfred Houzé de l'Aulnoit.
    Lambert-Champy.
    la marquise de Lasteyrie.
    la comtesse de Lesseps.
    la comtesse de Madre.
    la générale comtesse de Martimprey.
    la comtesse de Montessuy.
    Moreau-Nélaton.
    Motet.
    la marquise d'Oraison.
    la baronne Piérard.
    Planchon.
    la comtesse de Poix.
    Pozzi.
    Saléta-Ricord.
    la baronne Alphonse de Rothschild.
    la comtesse Sérurier.
    la vice-amirale Touchard.

No 9

Une ambulance française en 1124.

Ce volume était déjà imprimé, lorsque M. Ludo-
vic Lalanne — qui sait tout — me signala, dans

la Vie de Louis le Gros, par Suger, un passage relatif aux ambulances militaires. En 1124, l'empereur d'Allemagne, Henry V, envahit la Champagne ;
le roi de France fit ses préparatifs pour se porter
au-devant de lui et le repousser. On détermina l'ordonnance des troupes, puis « on régla que partout
où l'armée en viendrait aux mains avec les Allemands, des charrettes chargées d'eau et de vin,
pour les hommes blessés ou épuisés de fatigue,
seraient placées en cercle, comme une espèce de for-
teresse, pourvu que le terrain s'y prêtât, et que ceux
que des blessures ou la lassitude forceraient à quitter
le champ de bataille, iraient là se rafraîchir, resserrer
les bandages de leurs plaies et reprendre des forces
pour venir de nouveau disputer les palmes de la
victoire ». (*Vie de Louis le Gros* par Suger). —
Collection des mémoires relatifs à l'Histoire de
France par M. Guizot ; tome VIII, p. 127.)

N° 10

Décret de Gambetta relatif à la Société de secours aux blessés de terre et de mer.

ARTICLE PREMIER. — Toutes les ambulances volontaires volantes et autres sociétés ayant en vue le soulagement des blessés sur le champ de bataille et après le combat sont désormais placées sous la direction et la responsabilité de la *Société internationale de secours aux blessés des armées de terre et de mer*, laquelle accepte les obligations et charges résultant de ce mandat.

En conséquence, à partir de ce jour, aucune ambulance volontaire volante ne pourra être créée sans l'autorisation formelle du Conseil supérieur de la Société ou de l'un des délégués régionaux qui le représentent officiellement. Le Conseil supérieur ou son délégué avisera le Ministre de la guerre et lui remettra une liste du personnel de l'ambulance ainsi créée.

ART. 2. — Les ambulances volantes nationales ou étrangères, une fois accréditées, devront se mettre à la disposition du général et de l'intendant en chef de l'armée, lesquels, de concert avec les délégués du

Conseil, leur assigneront le point où leur concours devra plus particulièrement s'exercer.

Art. 3. — Les ambulances volantes créées jusqu'à ce jour, soit par des comités indépendants, soit par les représentants quelconques de l'autorité civile, devront immédiatement, dans le délai de huit jours, régulariser leur position auprès de la Société de secours aux blessés, qui proposera au ministère leur maintien ou leur dissolution.

Art. 4. — Aucune personne âgée de moins de quarante ans ne pourra faire partie du service médical d'une ambulance volante ou sédentaire, à moins d'avoir son diplôme de docteur, ou un minimum de 16 inscriptions.

Art. 5. — Le personnel actuellement en activité des ambulances de la Société de secours aux blessés, créées à Paris, soit qu'elles existent encore dans leur constitution primitive, soit qu'elles aient été officiellement réorganisées, n'est pas atteint par l'article 4. Une liste du personnel sera remise au Ministre de la guerre.

Art. 6. — Les brassards ne seront délivrés aux ambulances volontaires volantes, ou aux ambulances fixes de la Société, que par le Conseil supérieur de la Société ou par ses délégués régionaux sous leur responsabilité. Ces brassards seront accompagnés d'une carte nominative, qui sera signée et timbrée du délégué régional et de l'intendant militaire. En dehors du personnel de la Société, de celui des diverses délégations et de celui des ambulances volantes, le gouvernement ne reconnaît le droit de porter le brassard et les insignes de la convention de Genève qu'aux présidents, vice-présidents, secrétaires et trésoriers des comités qui seront admis à s'affilier régulièrement à la Société de secours, et au personnel médical qui desservira les ambulances créées par ces comités.

ART. 7. — Tous les brassards qui ont été délivrés, soit par les comités locaux, soit par des autorités administratives quelconques, sont déclarés nuls et non valables aux yeux du gouvernement, à partir du 15 janvier prochain. Des poursuites seront exercées contre ceux qui continueront à les porter indûment.

ART. 8. — Les dispositions de l'article précédent ne sont pas applicables aux brassards portant la signature du président de la Société, du délégué général auprès du Ministère de la guerre, et des délégués régionaux.

ART. 9. — Le Ministre de la guerre se réserve le droit de nommer, la Société entendue, le délégué général qui la représente auprès de son département.

ART. 10. — Les arrêtés, décisions et circulaires

publiés jusqu'à ce jour, en contradiction avec le présent décret, sont annulés.

Est maintenu le décret du 23 juin 1866, qui a déclaré la Société internationale de secours aux blessés d'utilité publique. Toutefois les droits et privilèges en résultant sont subordonnés à l'exécution du présent décret.

Fait à Bordeaux le 31 décembre 1870.

Le membre du gouvernement ministre de l'intérieur et de la guerre :

Signé : Léon GAMBETTA.

TABLE DES MATIÈRES

18125. — PARIS, IMPRIMERIE A. LAHURE

9, rue de Fleurus, 9

Librairie HACHETTE et Cⁱᵉ, boulevard Saint-Germain, 79, à Paris

EXTRAIT DU CATALOGUE

PREMIÈRE SÉRIE, à 3 fr. 50 le volume

ABOUT (Ed.) : *Le turco.* 1 vol.
— *Madelon.* 1 vol.
— *Théâtre impossible.* 1 vol.
— *Les mariages de province* 1 vol.
— *La vieille roche :*
    1ʳᵉ PARTIE : *Le mari imprévu.* 1 vol.
    2ᵉ PARTIE : *Les vacances de la comtesse.* 1 v.
    3ᵉ PARTIE : *Le marquis de Lanrose.* 1 vol.
— *Le fellah.* 1 vol.
— *L'infâme.* 1 vol.
— *Le roman d'un brave homme.* 1 vol.
— *De Pontoise à Stamboul.* 1 vol.

CHERBULIEZ (V.), de l'Académie française :
Le comte Kostia. 1 vol.
— *Prosper Randoce.* 1 vol.
— *Paule Méré.* 1 vol.
— *Le roman d'une honnête femme.* 1 vol.
— *Le grand œuvre.* 1 vol.
— *Meta Holdenis.* 1 vol.
— *Miss Rovel.* 1 vol.
— *Le fiancé de Mˡˡᵉ Saint-Maur.* 1 vol.
— *Samuel Brohl et Cⁱᵉ.* 1 vol.
— *L'idée de Jean Téterol.* 1 vol.
— *Amours fragiles.* 1 vol.
— *Noirs et Rouges.* 1 vol.
— *La ferme du Choquard.* 1 vol.
— *Olivier Maugant.* 1 vol.
— *La bête.* 1 vol.

DURUY (G.) : *Andrée.* 1 vol.

DURUY (G.) : *Le garde du corps.* 1 vol.
— *L'unisson.* 1 vol.

ENAULT (L.) : *Le châtiment.* 1 vol.
— *Valneige.* 1 vol.

FERRY (G.) : *Le coureur des bois.* 2 vol.
— *Costal l'Indien.* 1 vol.

MARMIER (X.), de l'Académie française :
Gazida. 1 vol.
— *Hélène et Suzanne.* 1 vol.
— *Histoire d'un pauvre musicien.* 1 vol.
— *Le roman d'un héritier.* 1 vol.
— *Les fiancés du Spitzberg.* 1 vol.
— *Mémoires d'un orphelin.* 1 vol.
— *Sous les sapins.* 1 vol.
— *Les voyages de Nils à la recherche de l'idéal.* 1 vol.
— *Les âmes en peine.* 1 vol.
— *Les hasards de la vie.* 1 vol.
— *Contes populaires de différents pays.* 1 vol.
— *Nouvelles du Nord.* 1 vol.
— *A la ville et à la campagne.* 1 vol.

SAINTINE (X.) : *Le chemin des écoliers.* 1 vol.
— *Picciola.* 1 vol.
— *Seul!* 1 vol.

TOEPFFER (R.) : *Nouvelles genevoises.* 1 vol.
— *Rosa et Gertrude.* 1 vol.
— *Le presbytère.* 1 vol.

WEY (Fr.) : *Petits romans.* 1 vol.

DEUXIÈME SÉRIE, à 3 fr. le volume

CARMEN SYLVA : *Nouvelles.* 1 vol.

ERCKMANN-CHATRIAN : *L'ami Fritz.* 1 vol.

LE GAL LA SALLE : *L'héritage de Jacques Farruel.* 1 vol.

OUIDA : *Umilta.* 1 vol.
— *Amitié.* 1 vol.
— *La princesse Zouroff.* 1 vol.
— *Les fresques.* 1 vol.
— *Musa.* 1 vol.
— *Wanda.* 2 vol.
— *Les Napraxine.* 2 vol.

OUIDA (suite) : *Othmar.* 2 vol.
— *Don Gesualdo.* 1 vol.
— *Scènes de la vie de château.* 1 vol.

SACHER MASOCH : *Sascha et Saschka.* 1 vol.

STINDE (J.) : *La famille Buchholz.* 1 vol.

TOLSTOÏ (comte) : *La guerre et la paix (1805-1820).* 3 vol.
— *Anna Karénine.* 2 vol.
— *Les Cosaques.* — *Souvenirs du siège de Sébastopol.* 1 vol.
— *Souvenirs.* 1 vol.

TROISIÈME SÉRIE, à 2 fr. le volume

ABOUT (Ed.) : *Germaine.* 1 vol.
— *Le roi des montagnes.* 1 vol.
— *Les mariages de Paris.* 1 vol.
— *L'homme à l'oreille cassée.* 1 vol.
— *Maître Pierre.* 1 vol.
— *Tolla.* 1 vol.
— *Trente et quarante.* — *Sans dot.* — *Les parents de Bernard.* 1 vol.

BOMBONNEL (C.) : *Le tueur de panthères.* 1 vol.

ENAULT (L.) : *Histoire d'amour.* 1 vol.

ERCKMANN-CHATRIAN : *Contes fantastiques.* 1 vol.

GÉRARD (J.) : *Le tueur de lions.* 1 vol.

1845. — Imprimerie A. Lahure, rue de Fleurus, 9, à Paris.

www.ingramcontent.com/pod-product-compliance
Lightning Source LLC
Chambersburg PA
CBHW071633270326
41928CB00010B/1897